SKIN CARE WHILE YOU SLEEP

眠っている間にスキンケア

「美容断食」で10年たっても老けない健康美肌に

美容家 宮本洋子

東京新聞

INTRODUCTION

はじめに

私は、キャリア45年、63歳の現役エステティシャンです。

今日まで30万人以上の女性の肌に触れて、一人一人の肌がどのように変わり、きれいになっていくか、つぶさに見てきました。

そんな私も、思春期には顔中がニキビだらけで、いろいろ試してもなかなか治らず、コンプレックスいっぱいで何年も過ごしたものでした。

そんなとき出会ったのがエステティックの世界です。17歳で美容の世界に魅せられた私は、エステの学校に通い始め、そこで学んだ肌や化粧品に関する知識、エステの技術によって、数か月でニキビのないきれいな肌を手に入れることができたのです！

その喜びといったら、まるでコンプレックスだらけだった世界が希望に満ちたものへとガラリと変わったようでした。

このときの経験から、「どんな肌でもきれいになる！」という信念と、多くの女性をきれいにしたい、肌の悩みに少しでもこたえたいという思いで、ひたすらエステティシャンの道を歩んできました。そして現在、私の主宰するエステティックサロン「イーズ・インターナショナル」は、全国に22店舗を展開するまでになっています。

そんな私が17年間、実践してきた美容法が、本書でご紹介する「美容断食」です。

40代半ばに、忍び寄ってきた肌の老化に気づき、「エステティシャンたるもの、肌の老化なんて許されない」と焦《あせ》り、悪戦苦闘していたときに、ふとしたきっかけから思いついて始めた美容法です。

やり方はごく簡単。夜は洗顔のみ、化粧水も美容液も何もつけずに眠り、翌朝はシンプルなスキンケアとメイクをする。睡眠中の肌の老廃物の「排出」を大切に考えた美容法です。

これだけのことなのに、やってみると、あっという間に効果が現れました。それは、私が感じる以上に、「なんだか、肌がツヤツヤじゃない?」「きれいになったわね」「どんな化粧品使っているの?」という周囲のたくさんの声が証明してくれました。

そして、この「美容断食」を続けることで、それまで悩んでいた肌の悩みが改善するだけでなく、化粧品の力に頼らずに、自らの力で、肌はより健康で美しくなるのだということがわかったのです。

これは！　と思った私は主宰するサロンのスタッフに「美容断食」をすすめてみました。そのくわしい結果については本書をお読みいただければと思いますが、最終的に「美容断食」はすべての方に私が堂々とおすすめできる美容法だと言い切れる自信を得たのです。

63歳の現在も、私の肌はシワがほとんどありません。17年間、日焼け止めをぬらずに外出していますが、いまだにシミも出ていません。これが「美容断食」の力です。

この「美容断食」を皆さんに知っていただくために、これまで2冊の本を世に送り出しました。1冊目が52歳、2冊目が55歳のときです。2冊目の出版から8年たった現在でも、新規でサロンにいらしたお客様が「美容断食」の本を一生懸命読んでくださいます。

今、新たにまた「美容断食」の本を出版する理由は、「美容断食」が何年たっても、いつの時代でも通用する美容法であり、だからこそよりわかりやすい形で、しっかりと残さなくてはと思うようになったことが1つ。そしてもう1つは、17年間続けてきた中で「美容断食」の新たな局面が見えてきたからです。

63歳になった私は、更年期を経て、60代に至るまでの肌のことが身をもってわかるようになりました。

もちろん、それまでいろいろな年代の方の肌に触れてきた経験からわかっていたこともたくさんあります。でも、やはり自分が更年期を体験し、現在の年齢になってみると、頭で考えていたこととは違う、実に多くの気づきがありました。

そして、年齢を重ねても肌力をキープし続けるために、ときには、それまでとは違ったやり方が必要になることもわかりました。

本書では、そのような私自身の体験や「美容断食」をしているスタッフやサロンのお客様の声を受け、いくつかの点で変更を加えています。いわば、これまでの「美容断食」のハイスペック版と考えていただければと思います。

とはいえ、「美容断食」が自らの肌の力でもっと美しい健康な肌を手に入れる美容法であり、誰もがいつでも気軽に始められて、いくつになっても続けられるという基本は変わりません。あなたも今日からすぐに試してみてください。きっと幸せな変化が待っているはずです。

SKIN CARE REPORT　スキンケアレポート

「美容断食」をずっと続けてきた体験者たちの声

私のサロンには、長年「美容断食」を続けてくださっているお客様が大勢いらっしゃいます。また、私の本をきっかけに「美容断食」を始めて、ずっと実践してくださっている方たちも。彼女たちからは、「美容断食」についてさまざまな声が届けられています。ここで少しだけご紹介しましょう。

＜美容断食歴２年＞ 37歳

くすみとクマが気になって「美容断食」を始めましたが翌日には変化を感じました。肌がベタベタせず、でも乾燥していない！

１週間で顔のたるみや目のまわりのむくみがないのを感じ、目の下のクマも薄くなっていることに気づきました。１か月後には、肌の色のムラがなくなり、明らかに顔色が違ってきたんです。

「美容断食」のおかげで、夜こそ栄養を！という考え方が間違いだったと気づくことができました。

＜美容断食歴７年＞ 26歳

学生時代、メイクをするようになったら肌荒れが気になるように。成人式はきれいな肌で迎えたいと思い、「美容断食」を始めました。

それまで、とりあえず洗顔後は化粧水とクリームをぬっておけばいいと思っていた私にとって「美容断食」は衝撃でしたが、おかげで肌の調子がよくなり、毎日のメイクも楽しくなりました。もちろん成人式もきれいな肌で迎えられました。

社会人になった現在も肌の調子は安定しています。自分に合った美容法を若いうちから見つけられて本当によかったと思います。これからも続けていきます！

＜美容断食歴10年＞ 35歳

当時通っていたイーズのサロンで「美容断食」を知りました。夜のお手入れ後のクリームのベタつきが苦手で、楽にすませたかった私には「美容断食」はぴったり。おかげで毎日快適に過ごせています。

効果が出るのには多少時間がかかったけれど、長年悩んできた鼻の毛穴の黒ずみがなくなってきたうえに、毛穴が小さくなったなと実感。あんなに鼻の黒ずみを見るのがイヤだったのに、10年たった今ではほとんど気になりません。

＜美容断食歴６年＞ 30歳

吹き出物や毛穴が気になり、「美容断食」を試してみました。

最初の1か月は、お風呂上がりに肌がつっぱる感覚があり半信半疑でしたが、今では吹き出物知らず、毛穴の心配なしで、すっぴんに自信が持てる肌になりました。

友だちにも「肌、きれいだよね」と言われることもあり、自分の肌に自信が持てなかった頃が嘘のよう！

＜美容断食歴13年＞

季節の変わり目に必ず肌荒れしていたのがまったくなくなり、ストレス解消。肌が丈夫になった気がします。余分な皮脂が減って、毛穴も目立たなくなりました。

美容液などは朝しか使わないので、化粧品代も半分に。特に夏は夜にクリームをつけなくていいので快適です。「美容断食」万歳！

66歳

＜美容断食歴12年＞

夜は昼以上に保湿をしなくてはならないと思い込んでいて、疲れていてもクレンジング、洗顔に始まって、いろいろな化粧品で毎晩お手入れ。正直、時間も手間もかかるのでイヤだな〜と思っていたところで「美容断食」に出会いました。

夜、何もしないのは不安でしたが、意外と大丈夫で、そのまま続けていたら吹き出物が出にくくなり、肌の調子も整ってきました。

昔は、夜のお手入れでベタベタするのがイヤでナイトパウダーで押さえていたほどなのに、12年たった今では何もつけなくても、朝起きるとちゃんと潤っているのが不思議。

63歳

＜美容断食歴10年＞

「美容断食」を始めてから、それまで多額のお金を使って買いそろえていた美容液もクリームも、夜のケアには一切不要に。それなのに同じぐらい、いやそれ以上の美肌を得られることに驚き！

今では、私のまわりのお友だちはみんな「美容断食」のとりこです。会うたびにみんなで肌はめ合っています。これからももちろん一生続けていきます。

79歳

＜美容断食歴5年＞

もともとメイクはあまり好きではなかったけれど、年齢的に隠さなくてはいけないものも多く、必然的に化粧をしなければいけない状況に……。

でも、「美容断食」をしてからは「すっぴんでも、肌きれいね」と言われることが多くなり、ファンデーションを使う量が激減！

メイクが薄くなったおかげか、まわりからは「10歳若く見える」と言われています。

極度の乾燥肌でしたが、1年を通して肌が乾燥することもなくなりました。

49歳

＜美容断食歴14年＞

あごと頬にブツブツと吹き出物ができたのがきっかけで「美容断食」を始めました。どんな化粧品を使っても改善されなかったのに、今ではツルツルに！　本当に感謝です。

42歳

＜美容断食歴13年＞

本当に化粧品にとらわれることがなくなり、シンプルなのに肌が元気になったことが一番うれしいです。

夏も外で日焼け止めもつけずに過ごしますが、年々日焼け後の肌の戻りも早くなっているような気がしてこれにはびっくり！

53歳

＜美容断食歴14年＞

あれだけ夜ベタベタぬって寝てちょうどよかった乾燥肌だったのに、今では何かぬって寝ると気持ちが悪いくらい。

季節の変わり目には必ず肌が絶不調になっていたのに、「美容断食」を始めてからは、まったく不安定さもなくなりました。

たまに魔がさして夜に何かつけてみることがあるのですが、朝には案の定くすみとブツブツが。やっぱり夜は何もつけないほうがいいと確信しています。

56歳

CONTENTS

目次

Chapter 2

SKIN CARE BEFORE SLEEPING お休み前のスキンケア

"「美容断食」では夜は洗顔がメインイベント"

Chapter 3 "夜より朝しっかり、逆転のスキンケア「美容断食」"

AWAKENING SKIN CARE 目覚めのスキンケア

Chapter 4

MAKE-UP IN THE DAYTIME　日中のメイク
「美容断食」流「薄メイク」のテクニックで健康美肌へ

Chapter 5

BEST FOODS FOR SKIN 肌のためにベストな食べ物

“将来も健康美肌でいるために食からも「美容断食」を”

Chapter 6
MENOPAUSAL SKIN CARE　更年期のスキンケア
"閉経前後で劇的に変化する更年期の肌ケアは「美容断食」"

Chapter 7 SPECIAL SKIN CARE 特別なスキンケア

肌を磨くこころとカラダ、頭皮のケア

（注）本書で紹介している方法の効果・効能には個人差があります。持病や疾患がある方は、医師の診断が必要です。症状に合った治療を受けられることをおすすめします。

Chapter

1

SKIN CARE WHILE YOU SLEEP

眠っている間にスキンケア

"眠っている間に
健康美肌になる
スキンケア
「美容断食」"

1
「何もしてないわよ」
60歳の友人のひと言で気づいたこと

私がスキンケアを変えたきっかけとなったのは17年前、46歳のときのこと。更年期真っ只中の頃でした。

すでに目のまわりに細かいシワやフェイスラインのたるみが目立ち始めていました。肌の透明感もなくなり、くすみがとれません。どんな高価な美容液やクリームでも、ぬってもぬっても全然よくならず、「もう年なのかな」と半ばあきらめていました。


そんなある日のこと、久しぶりに会った同業者の肌を見てびっくり！　ツヤツヤで、シミもシワもありません。その彼女はそのとき、もう60代だったんです。

わたしが「いつまでも若いけど、どんなお手入れをしているの？」と聞くと、なんと「何もしてないわよ」という答え。このときは、ちょっと半信半疑でした。

彼女自身、シミやシワで悩んで、いろいろな化粧品を試していた時期があったそうです。でも、何を使ってもよくならないどころか、かえってシミが増えてしまったといいます。

そこで彼女がとった方法が、「何もしないこと」でした。夜の洗顔後に何もつけないようにしたのだそうです。すると、あれほどいろいろ試しても効果のなかったシミがどんどん薄くなっていったのだとか。

そこで私は思い出しました。エステサロンのお客様で肌のきれいな人たちの多くは「何もしていません」と言っていたのを。

また、仕事で行った香港やインドネシアの女性たちも、あれだけ日差しが強く、お手入れもそれほどしていないにもかかわらず、肌がとてもきれいでした。

「スキンケアって、何もつけないのが正解なのかも？」

そう思い立った私は、何もつけないスキンケアを「美容断食」と名付けて、始めてみることにしたのです。

2 スキンケアを変えたら起きた3つの奇跡

それまでずっと続けてきたスキンケアをやめることは、さすがに不安がありました。

「肌がバリバリ、ゴワゴワになるかも？」

「シワが増えちゃったらどうしよう」

でも、実際に夜、洗顔して何もつけないで寝てみると、そんな心配は無用でした。すぐに想像以上の結果が翌朝に出たのです。

まず1つは感触です。肌がさらさらとして、ベタつかなくなりました。決して乾燥しているわけではないんです。「肌が軽くなった」というのが一番近い感覚でしょうか。

次に気づいたのが肌のくすみが気にならなくなったことです。

以前は1日に2回は化粧直しをしなければならなかったのですが、時間がたっても血色がよい状態が保たれているので、その必要がなくなりました。かえって時間がたつほど肌が潤い、化粧のノリがよくなります。

血色がよくなるので、濃い口紅やチークをぬる必要もなくなりました。

さらにうれしいことに、くすみが改善されたことによって、肌も白く、透明感が出てきました。


3つ目に感じたのは、以前より毛穴が目立たなくなったことです。顔全体が引き締まり、ちょっぴり小顔になったように感じます。

夜こそスキンケアとばかりにクリームや美容液をぬっていた頃の私には、絶対に想像できなかった結果になりました。


ちなみに、朝の洗顔後に何もつけない「朝の美容断食」もやってみましたが、こちらは逆効果。後でくわしくお話ししますが、朝はしっかりスキンケアをしたほうがよいとわかりました。

3
「肌が明るい」「若返った」まわりからもわかるほど効果が出始めた

私がいろいろと試して行き着いた「美容断食」の特徴は、
①まず、夜、寝る前に洗顔をする
②洗い上がりは何もつけない。基本的には化粧水もつけない
③そのまま就寝
④翌朝も前夜と同じように洗顔。その後は普通にスキンケアもメイクもＯＫ
と簡単なものです。

「美容断食」を始めて3か月くらいたった頃には、いろいろな方から、「顔が明るくなったみたい」「若返ったみたい」「化粧品を変えたの？」とうれしくなるくらい褒《ほ》められました。

40歳を過ぎた頃から、顔にかゆみが出たり、乾燥してかさついたり、アレルギーのような症状も出ていたのに、それもいつしか消えていました。

富士山に日焼け止めクリームやファンデーションを持っていくのを忘れて、すっぴんで登山したこともあったのですが、日焼けして

真っ赤になっても1か月後にはちゃんともともとの肌色に戻っていました。「美容断食」によって肌力がついたからでしょうか。

その後何年たっても、日焼けによるシミなども出てきていませんし、今でも犬の散歩くらいの短時間なら、「すっぴんに帽子」くらいで出かけられるほど丈夫な肌になりました。

以来、私は63歳の今に至るまで17年間「美容断食」を実践してきましたが、シミ、シワもほとんどないですし、センサーで測ると肌水分量も56％を維持しています。これは理想的な数値で、肌にたっぷりと潤いがあるしるしなのです。「美容断食」のおかげです。

私が主宰している22店舗のエステサロンのスタッフも全員「美容断食」を実践しています。みな「肌が軽くて気持ちがいい」とか「前より肌の調子がいい」など、気に入って続けてくれているようで、ひいき目なしで見ても感心するくらい、みずみずしい肌の女性が多いです。

4

スキンケアを変えたら3週間で肌がよみがえる

夜、何もぬらないだけ。

こんな単純なスキンケアですが、実際に始めたスタッフやサロンのお客様の声を聞くと、意外に早く効果が出ることがわかります。美容断食を始めて、皆さんの肌がどう変わったか、変化を書きとめた3週間のレポートがありますので、簡単にお見せします。

●1週目　初日夜、肌がまだつっぱった感じがする→2日目の朝、鼻の毛穴から角栓《かくせん》（古い角質や皮脂が固まったもの）が出てくる→肌が何となく明るく見えてくる

●2週目　肌がすっきりと軽くなる→夜、クリームなどをつけなくてもつっぱらなくなる→日中、化粧直しをしなくてもよくなる

●3週目　毛穴がしまり、小顔に見えてくる→シワの深さが浅くなってくる→肌のクマ、クスミがなくなってくる

早い例では、2日目の朝に毛穴に詰まった角栓が出てきたという

人がいます。また、3日目くらいから「肌が明るくなってきた」と感じるという声も聞かれます。どちらも「美容断食」の排出効果で、毛穴にたまっていた汚れが押し出されたためでしょう。

とはいえ、効果の出方や効果が見え始める時期には個人差があります。初めは肌がつっぱったり、少しカサついたりする人がほとんどです。

それもそのはず、今までたっぷり栄養を与えられ、贅沢をしてきたのに、急に栄養をストップさせられれば、肌もびっくりして一時的に活動を止めてしまうのです。でも、そのうちに自力で潤うように働き始めます。

これまで「美容断食」をしている方を見ていると、多くの場合3週間以内には何らかの変化が見えてきています。

ですから、「美容断食」を始めてみたけれど「そんなにすぐ効果が感じられない！」という方も、あきらめないで続けてみてください ね。

5 スキンケアはがんばり過ぎない

夜のスキンケアをやめたことで、肌がきれいになったという話、にわかに信じられない方もいるかもしれません。

スキンケアというと、あらゆる化粧品を肌に与えることだと考えていませんか?「保湿や美白、シワ・シミ対策、あれもこれもやらなくちゃ」と。朝と晩、場合によっては昼も、休みなく肌に栄養を与え続ける生活。私も以前はそうだったので、よくわかります。

でも、よく考えてみてください。そもそも肌は1枚の皮膚で内臓や脳、血管など大事なものがいっぱい詰まった人間の体を守ってくれているすごい器官です。私たちが思っている以上にしっかりとした機能が備わっています。ただの「皮」ではないんですよ。

傷や肌荒れ、シミなどができたとしても、新陳代謝をくり返すことで、絶えず細胞が生まれ変わり、ダメージを修復してくれます。

それに、肌は内部に、潤いを守るための2つのすばらしい成分をもっています。1つはアミノ酸が主成分のNMF(天然保湿因子)という成分。これは肌表面にある角質細胞の中で水分を逃さないように守っている成分で、いっぱい水分をキープしています。

そして、もう1つはセラミドなどの脂質を主成分とした細胞間脂質という成分です。これは角質細胞と角質細胞の隙間にいて、細胞同士をくっつけ、水分の逃亡を防いでいます。

この2つの成分で肌の乾燥を防いで、「自ら潤う力」を保っているというわけです。それなのに、私たちはついつい肌によけいな栄養を与えています。すると、どういうことになるでしょう?

肌は必要な栄養がいつでももらえれば、怠け者になってしまいます。体だって運動しないと、筋肉が衰えて動けなくなってしまうのと同じように、肌も何もしなくなると、肌力がどんどん落ちてきてしまいます。肌力が落ちると修復する力が遅くなって、紫外線を浴びたらシミはそのまま。なかなか薄くなってくれません。肌のバリア機能も衰えて水分が逃げやすくなり、肌の潤いがなくなり、乾燥がひどくなります。スキンケアをがんばり過ぎることが、かえって肌の過保護につながり、老化を早めることになってしまうのです。

6
本当に美しい肌とは？
キーワードは「う・な・は・だ・け」

そもそもきれいな肌って、どういう肌なのでしょう？

それは「う・な・は・だ・け」。

これは美容業界で理想の肌の条件を表すワードです。ただ白いだけでなく、健康的な血色で弾力があり、さらっとした滑らかな肌触りで、潤いはもちろん、適度なハリのある肌が理想的ということです。これが本当に目指したい肌。

逆に言えば、これらの状態がそろっていないと、真の「美肌」とはいえません。

今は化粧品やメイクグッズが豊富で、メイク技術の情報も行き渡っているので、女性の肌はひと昔前に比べてぐんときれいになったように見えます。でもサロンで実際にお客様の肌に触れていると、色は白いだけ、ツヤツヤと潤っているように見えても肌の弾力やハリはないという方がとても多いことがわかります。

理想はあくまでも「う・な・は・だ・け」。ぜひ覚えてください。

う 潤い

な なめらか

は ハリ

だ 弾力

け 血色

肌の理想的な条件の頭文字をとった美容業界に伝わるキーワード。理想の肌は肌に潤いがあり、血色が良い。触るとさらっとした滑らかな感触で、ハリと弾力に富んでいる。

7

目覚めの肌は「しっとり」ではなく「さらさら」が正解

朝、目覚めた後に肌を触ってみてください。触り心地はどうですか？

「毎晩、寝る前に高級な乳液や美容液をたっぷりとぬっているから、朝までしっとり、ツヤツヤしていますよ」という方もいらっしゃるでしょう。

でもそれは、肌そのものの感触ではないと言うと、びっくりするのではないでしょうか。

朝の目覚め後に肌がしっとりしているように感じるのは、寝る前にぬった化粧品の油や寝ている間に排出されるべき皮脂などが、肌に残っているから。

洗い流したら、とれてしまう潤いなのですが、スキンケア化粧品をたっぷりつけていると、肌が潤っていると勘違いしてしまいます。

でも実は、健康な肌は、「しっとり」ツヤツヤではなく、ふっくら「さらさら」が正しい状態なのです。夜の「美容断食」を続けると、自らの力で潤ってくるので、その違いがはっきりとわかります。

8

美肌になるか、ならないかは眠ってすぐの90分間にかかっている

「美容断食」で大切にしているものがあります。

それは夜の「睡眠」です。

夜、眠っている間は、脳の下垂体から「成長ホルモン」が分泌されて、そのミッションを受けた肌は「再生と修復」を行ってくれます。


以前は成長ホルモンが出るのは22時から深夜2時までの間というのが常識として語られ、美容雑誌などでも「お肌のゴールデンタイム」と呼ばれてきました。しかし、最近では成長ホルモンに時間帯は関係なく、入眠後の3～4時間に多く分泌されることがわかってきました。


睡眠には「レム睡眠」と「ノンレム睡眠」という2種類の異なる睡眠状態がありますが、90～120分間の間隔で交互に現れます。

「レム睡眠」中、体は休んでいるけれど脳は覚醒状態、「ノンレム睡眠」中は体も脳も休んでいる状態です。

成長ホルモンは入眠してすぐに入る最初の「ノンレム睡眠」(90分くらい)のときに、特に多く分泌されていて、その睡眠が深ければ深いほど多くの成長ホルモンが分泌されることがわかりました。最初のノンレム睡眠が浅ければ、成長ホルモンはあまり分泌されないのです。

眠ってすぐにどれだけ深い睡眠を得られるかが、肌の美しさにはかかわってくるということですよね。

深い眠りを得るためには、

・日中にウォーキングなど適度な運動をする
・夜はお風呂に入るなど、心身をリラックスした状態にする

など、いろいろと努力が必要です。

Chapter6、7でもいくつか提案していますが、できるところから始めていきましょう。

9

睡眠中は毛穴のお掃除タイム

睡眠中、肌は他にも大事な仕事をしています。それが「排出」です。肌は昼間の活動でたまった汗や皮脂、老廃物で非常に汚れています。睡眠中の肌は、その汚れを毛穴から外に排出してきれいにするために働いているのです。

ときどき、「美容断食」を始めて1日目の朝、肌がとってもオイリーになったという方がいるのですが、これはそれまで滞っていた肌の排出機能が働き始め、毛穴の汚れが出てきたから。

特に厄介《やっかい》なのがメイク化粧品の汚れです。化粧品は毛穴につまりやすく、クレンジングだけではきれいに落とすことはできません。残った汚れは、時間がたつと酸化して茶色に変化します。これが肌のくすみの原因になっていたりします。

だからといって、汚れをとろうとするあまり、クレンジングでゴシゴシこするという行為はやめましょう。クレンジング剤などに頼ることなく、肌が本来持っている排出力を高め、汚れをとるのが「美容断食」。夜はまさに毛穴のお掃除タイムなのです。

10

毛穴にフタをしたら老廃物は出て行ってはくれない

肌の「排出」がスムーズにいくためには、夜は洗顔をきちんとして汚れを落とし、何もつけないで寝ることが重要です。

夜寝る前に、スキンケアをがんばり過ぎて、たっぷりのクリームや美容液などの化粧品の油で毛穴にフタをしてしまうと、肌は眠っている間に老廃物を排出できません。毛穴にはみるみる汚れがたまってしまいます。翌朝もまたスキンケア化粧品でお手入れをし、さらにメイクでファンデーションやチークを重ねていく……。これでは常に肌に何かしらがのっていることになり、肌は満腹状態です。排出どころか、呼吸もできなくなってしまいます。

化粧水や美容液には、よい成分も入っていますが、合成界面活性剤(※)や防腐剤といった添加物も多く使われています。つねに肌が化粧品で覆われているということは、こうしたよいとはいえない成分にもずっとさらされているわけですから、肌へのダメージはＭＡＸに達します。肌は潤うどころか、かえって乾燥が進む結果になってしまいます。肌には何もつけず休める時間が必要なのです。

※「界面活性剤」とは油と水など混ざり合わない物同士をつなげる役割をする物質。「合成界面活性剤」は石油や植物などを原料として化学合成して作られた人工的な界面活性剤のこと。化粧品やシャンプー、洗剤など幅広く用いられています。

11
毛穴が目立つ、小鼻がかゆいは「排出」ができていない証拠

毎日のスキンケアで美容液やクリーム、オイルなどをたっぷりぬりこんで、汚れや老廃物の排出ができなくなっている状態が、いかに肌にダメージを与えているか、お話ししました。

この状態を、私は「肌肥満」と呼んでいます。必要以上に栄養をとり過ぎて、身動きができなくなっているのです。

実際「肥満」している肌のあごのあたりをマイクロスコープで拡大して見てみると、**毛穴が広がり、その中にびっしりと酸化した皮脂がつまっている**のがわかります。

肌肥満は、スキンケアへの意識が高く、がんばってお手入れしている人ほど陥る傾向があります。

あなたの肌はどうでしょう?　左ページを見ながら、チェックしてみてください。

あなたの肌は大丈夫?

肌の「排出」チェックテスト

毎日の過剰なスキンケアがもたらす「肌肥満」。老廃物の排出も、新陳代謝もできなくなって、肌は苦しんでいます。以下の項目で1つでも当てはまるものがあれば、もしかしたら、あなたの肌は「排出」がうまくいっていないかもしれません。さっそくチェックを!

□毛穴が目立つ

□肌がくすんで見える

□肌のキメが粗くなった

□日焼けなどによるシミがとれない

□年齢のわりにシワが目立つ

□頬やあご、小鼻のまわりなどがかゆい

□顔のどこかにいつも小さなブツブツができている

□肌のたるみが気になる

□皮膚が厚くなりゴワゴワした感じがする

□クリームや美容液をぬっても乾燥する

□化粧水や美容液が肌になじみにくい

□乾燥したり脂っぽかったりと肌の調子が不安定

12

「こすり過ぎ」が肌を弱らせてしまう

皆さんが肌のお手入れでついやってしまうことで、肌にマイナスなことを1つだけ挙げるとしたら何だと思いますか？

それは「こする」こと。

洗顔でゴシゴシこすり、化粧水をふくませたコットンで肌をなでまわし、クリームをすり込んでいたりしていませんか？

メイクも同じです。ファンデーションやパウダーを肌にこすって押し込み、チークもブラシでこすりつけ、メイクを落とすときはクレンジング剤でまたゴシゴシ、最後に洗顔でこすってとどめをさす。さらに夜、化粧品を重ねぬりしていたら、こする回数がますます増えるというわけです。

こするという行為は、肌のバリア機能を壊すこと。肌の持つ潤い成分が逃げやすくなり、乾燥を招きます。ひんぱんにこすっていると、細胞が傷つき、炎症を起こします。それが続くと刺激によってメラニン色素が増え、シミやくすみの原因になってしまいます。

「美容断食」では、夜、何もつけないだけでなく、昼のメイクも重ね過ぎないことをおすすめしています。そうすることで、肌のこすり過ぎを抑えることができるからです。

ピーリングやフェイスマッサージは、専門的な技術のあるエステサロンなどのプロに任せてください。自分でやるとつい力が入ってしまって肌をこすり過ぎてしまうので、肌トラブルを起こしかねません。

「こすり過ぎ、こすり過ぎ」ってしつこいですよね。私のサロンのお客様で、ご自分で洗顔やスキンケアをされるときにがんばってゴシゴシこすってしまい、肌が赤くなってしまう方が多かったのです。だから皆さん、くれぐれも気をつけてくださいね。

となると、こすらない洗顔のしかた、ファンデーションのつけ方が気になりますよね。くわしくは次のＣｈａｐｔｅｒ２以降でお話ししますので、どうぞご覧ください。

13

入浴後「美容断食」は顔だけに！ボディにはシンプルな化粧水を

ボディを洗った後は顔と同じように何もつけずに「美容断食」を と言いたいところですが、体は顔に比べ、皮脂腺が少ない部分も多いため、何もつけずに放っておくと乾燥し、肌荒れやかゆみのもとになります。入浴後は、体の水分を早くふきとり、成分表示がなるべくシンプルな化粧水をぬるようにしましょう。クリームは若い頃はいいのですが、40代になってくると肌がかゆくなる人も。私もそうでした。化粧水より界面活性剤が多いので、元々バリア機能が弱っている40代以降の肌には負担が大きいからです。

ちなみにボディを洗うときは顔と同じように純石けんがおすすめです。純石けんについては48ページでくわしく説明しますが、体は顔より皮脂が少ないので、中には洗い上がりの肌がつっぱる人も。その場合は泡立てた純石けんにティースプーン1～2杯の牛乳（アレルギーの人は避けて）を加えてください。あと、体を洗うときは綿100％の浴用タオルや手ぬぐいがおすすめですよ。敏感肌の人は手の指と手のひらを使って全身を洗ってもよいでしょう。

14

「美容断食」をすると小さな幸せがいっぱい増える！

「美容断食」は、誰でも簡単に実行でき、しかも確実に肌がよい方向へと変化していく、「いいことずくめスキンケア」だと私は思っています。でも、「美容断食」のよいことはほかにもあるのです。

1つは化粧品にお金がかからなくなること。化粧水やクリーム、美容液は朝だけ使えばいいので長持ちします。また、「美容断食」で肌がきれいになれば、メイクにも多くの種類は不要になります。

2つめはスキンケアに費やしていた時間を別のことに使えるようになること。読書や入浴でリラックスするもよし。まるっと睡眠時間にあてれば、美容的にも一石二鳥ですね。

そして3つめ、寝るときに何もぬらないから、寝具が汚れにくい。クリームや美容液などをぬってから寝ると、どんなに気をつけて寝ていても、枕カバーや布団カバーにベタベタとついてしまいます。でも、夜の「美容断食」をすれば寝具が汚れにくいので衛生的。これは意外に助かります。

15 朝のスキンケアを休むのをおすすめしないワケ

21ページでもこの話にはちょっと触れましたが、「夜、何もつけなくてそれだけ効果があるのなら、朝も美容断食すればもっと効果があるんじゃないの？」

サロンのお客様にもよく質問をされます。

実は私も、最初は同じことを考えました。そして実際に試したことがあるのです。その結果、朝の「美容断食」はおすすめできないということがわかりました。

まず1日目、朝、洗顔をした後。何もつけずに過ごしてみたら、めちゃくちゃつっぱりました。でも、夜の「美容断食」も最初はこれくらいつっぱるからと次の日も続けてみましたが、つっぱり感は変わりません。

それでも我慢して続けたら、脂でテカテカのオイリー状態になり、しまいには皮脂で肌がかぶれるようになってしまいました！

ここで朝の「美容断食」をあきらめました。

なぜこんなことになったと思いますか？

人間の体は、自律神経の交感神経が優位になる朝は緊張感が強く、やる気にあふれている状態です。

体の一部である肌も同じで、無防備でゆるんだ状態の夜と違い、朝の肌は働き者です。洗顔をすれば、油分や水分を補おうと過剰に分泌するし、外部から紫外線や粉塵、ＰＭ２・５などの大気汚染物質の刺激に遭えば、ガードするために過剰に反応してしまうわけです。

そのままほったらかしておくと、皮膚がゴワゴワと厚くなったり、シミができたりするうえ、肌の老化にもつながります。

というわけで、「美容断食」では、朝の洗顔後はきちんとスキンケアとメイクをすることが必要、というのが、私自身が身をもって導き出した結論です。

Chapter 2

SKIN CARE BEFORE SLEEPING

お休み前のスキンケア

“「美容断食」では
夜は洗顔が
メインイベント”

16 夜のスキンケアは基本「洗顔」だけに

ここからは、「美容断食」の方法についてくわしくお話ししていきましょう。まずは夜のスキンケアについてです。

これまでにも何度かお話ししていますが、「美容断食」の夜のお手入れは、洗顔で肌の汚れを落とすことだけです。それが唯一のスキンケアです。

これだけだとごくごく簡単なのですが、実は「美容断食」の洗顔には、テーマがあるのです。それは、

・いかに肌に負担をかけず
・肌のバリア機能を壊すことなく
・汚れをきれいに洗い流せるか

の3つです。だからどんな洗い方をしてもいいというわけではないのです。

洗顔に使う洗顔料も洗浄力が高く、それでいて肌に刺激を与えるような成分が入っていないものであることが重要です。ですからよく皆さんが使っている洗顔料とは違うものが必要になってくるかもしれません。

などと言うと、とても特別な技術や高価な洗顔料が必要だと思われるかもしれませんが、そうではないので、ご心配なく。

また、肌の汚れをきれいに落とすという点では、クレンジング剤も重要だと思うでしょうが、これには「美容断食」の効果を妨《さまた》げるような材料が使われているものが多いので、選び方や使い方は慎重にしたいところです。

では、どんなものを使って、どんなふうに洗顔すればいいのでしょうか。次のページから一つ一つお話ししていきましょう。

17 洗顔には「純石けん」を選んで

「美容断食」で使う洗顔料は、石けん素地100%の固形の「純石けん」です。動物性・植物性の油脂を原料として作られているアルカリ性の石けんで洗浄力が高く、肌の汚れを洗い落としてくれます。

でも、固形石けんにもいろいろな種類があるので、買う前に必ず成分表示を確認して、香料や着色料、防腐剤など、肌に刺激を与える添加物が含まれていないものを選んでくださいね。

それから弱酸性のものや保湿剤が入った石けんは使わないでください。たしかに洗った後はしっとり感が残りますが、それは肌の表面に化学成分の保護膜が張るからです。この膜は肌にしっかり張りつくので、水分をキープする肌のバリア機能が壊れ、かえって乾燥してしまいます。肌の再生・修復機能も妨げられるうえ、美容液なども浸透しにくくなります。

もともと肌は弱酸性で、しかも「アルカリ中和能」という力があります。石けんで一時的にアルカリに傾いても、少し時間がたてば元に戻るので大丈夫。安心して「純石けん」を使ってください。

「美容断食」で使う石けん素地100％の固形石けん。洗顔専用でなく、浴用のものでもOK。香料や着色料、防腐剤などの成分が無添加のものを選んで。1つ200円前後のもので十分です。純石けんを買うときは、「石けん素地」「カリ石ケン素地」「純石けん分（脂肪酸ナトリウム、脂肪酸カリウム）」と成分表示されたものを選んでください。

18
化粧品は植物性100%がよいとはかぎらない

ところで純石けんは「石けん素地」で作られていますが、商品パッケージにある成分表示を見ても、石けん素地とだけ記されていて原材料がよくわからないことが多くあります。その場合はメーカーのホームページを見ればわかりますのでチェックしてみてください。

石けん素地は、パーム油（アブラヤシからとれた油）やヤシ油（ココヤシからとれたココナッツオイル）、オリーブ油などの植物性油100%でつくられたもののほかに、牛脂などの動物性油を植物性油に混ぜてつくられたものも多くあります。

植物性油のみの石けんは、洗い上がりがさっぱりとした感じ。動物性油+植物性油の石けんのほうは洗い上がりがしっとりとした感じで肌にやさしく、乾燥肌の人はこちらのほうがおすすめです。

最近は、石けんにかぎらず、動物性の原料が入っているスキンケア商品を避ける傾向があるように思います。化粧品やシャンプーなどで植物性100%をうたったものが多くなりました。植物性の成分を使っていると、肌にやさしいという印象があるからです。

でも、それって本当でしょうか？

例えば植物は、漢方薬のように、古くから「薬」としても使われてきています。漢方薬は、科学的に作られた薬よりも体にやさしいといわれていますが、処方を間違えると、かえって毒になるほどの「強さ」があります。だから漢方医という専門家がいるのです。

植物自体も、必ずしも肌にやさしいものばかりではなくて、触れるとかぶれる植物もあれば、アレルギーを起こすものもあります。

植物が持つ自然の抵抗力などが、かえって人間に害を与えることもあるわけですね。

もちろん植物性でも動物性でも、世の中に出回っているほとんどの商品は、アレルギーテストなど厳しいテストを通したうえで販売されているので、多くは安全なものです。

でも、植物性だからと安心して使っていると、人によっては、かえって肌の調子を崩すこともあるかもしれません。イメージに流されず、本当に自分の肌に合ったものを選ぶようにしてください。

19
ダブル洗顔はもうしない

「美容断食」での洗顔は、基本的に「1回だけ」です。「洗い足りないかな?」とか、「オイリー肌だから、1回だとなんだか皮脂が残っているような気がする」と思っても、ダブル洗顔はしないでください。何度も洗うとこすり過ぎになり、肌へダメージを与えるからです。

こすり過ぎが肌に一番よくないということは、すでにお話しした通りです。特に目のまわりのような、皮膚の薄いところを何度もこするなんて百害あって一利なし、です。

「美容断食」では、水ではなく38〜40℃のお湯を使います。お湯の力で、石けんに頼らなくても汚れは落ちるし、毛穴の中に多少の汚れが残っていても、夜の間に老廃物として排出されて、翌朝の洗顔でも洗い落とせます。

汚れを残さないことは大切ですが、肌にダメージを与えてまで清潔にこだわり過ぎないようにしたいですね。

20

メイクをした日さえも基本「純石けん」だけに

昼間はメイクをしていても、夜のお手入れは、純石けんでの洗顔だけで十分です。ただし、それは「美容断食」で推奨するメイクが、パウダーファンデーション中心で、使用する化粧品もあまり多くない「薄づきメイク」だから。リキッドやクリーム、クッションタイプのファンデーションを使ったり、濃いアイメイクをするなどの「しっかりメイク」の場合は、純石けんの洗顔だけではきれいに落とすのは難しいこともあります。

じゃあクレンジング剤を使えばいいのでは、と考えるでしょうが、そう簡単ではありません。クレンジング剤には、合成界面活性剤（※）が使われているものが多いです。これは油分と水分を混ぜ合わせる役目を果たしている成分なのですが、洗浄力が強く、水ですすいでも、界面活性剤の力が残りやすく、肌にぴったりとついて、肌の潤いを維持するためのバリア機能を壊してしまうのです。

クレンジング剤を使わなくてすむよう、メイクは薄づきを心がけて。「美容断食」流メイクはChapter 4をご覧ください。

※同じ界面活性剤でも「純石けん」はヤシ油や牛脂などでつくられた「天然」の界面活性剤で、合成界面活性剤と違い、簡単に水ですすげて、肌にもやさしいといわれています。

21
しっかりメイクをした日だけ洗顔前にクレンジングを

「美容断食」流の薄づきメイクには、クレンジングは必要なし！とお話ししましたが、そうはいっても、結婚式や同窓会、お子さんの入園・入学、卒業式など、たまにはしっかりメイクをしたいときもあるでしょう。仕事上、きっちりとメイクをしなければいけないという人もいると思います。

でも濃いメイクを洗顔だけで落とそうと、ゴシゴシ力を入れたり、何度も洗ったりするのは禁物。だったらクレンジグ剤を使って手早く落としたほうが、むしろ肌へのダメージを抑えられます。

クレンジング剤は、ミルクのような乳白色をしていて、肌にやさしい「ミルククレンジング」がおすすめです。それも「洗い流すタイプ」のものを。「ふきとりタイプ」のものもありますが、そちらは肌をこすってしまいがちなのでおすすめできません。

顔全体にのせ、指の腹をごくやさしく滑らせてメイクとなじませましょう。もちろん、こするのは厳禁。お湯ですすいだ後は、石けんでの洗顔もお忘れなく。洗顔後は何もつけずに寝てください。

22
クレンジング剤を使うなら オイル系よりミルク系

ミルククレンジングをおすすめしたのにはわけがあります。

クレンジング剤の中でも、油性の汚れを落とす力が高いのは、オイルクレンジングです。当然、油分が多く含まれていて汚れが浮きやすいのですが、浮いた汚れを流しやすくするためには、水分も必要です。

でも、油と水はなじまない。そこで油と水をなじませる働きをするのが合成界面活性剤です。でも、油分が多い分、たくさん合成界面活性剤を使わなければなりません。

合成界面活性剤が肌にくっついてバリア機能を破壊することは、すでにお話しした通り。さらにまずいことに、オイルクレンジングは洗顔後も油分が残りやすいので、毛穴という毛穴に油がつまり、酸化して茶色くなり、顔をどんどんくすませてしまうのです。

ミルクタイプをおすすめするのは、合成界面活性剤の量が比較的少ないからです。ほかのタイプに比べ、製法もシンプルなので添加物や化学物質も抑えられていると思います。その中でも、添加物や香料、着色料ができるだけ抑えられたものを選びましょう。

23
石けんはネットではなく必ず「手」で泡立てるように

では、ここから洗顔のしかたを順番にお話ししていきますね。

まず手のひらにお湯を少しとり、純石けんを手で回しながら泡立てます。洗顔フォームのような、もこもこした泡をたくさんつくるのは難しいですが、空気を含ませるようにしながら、できる範囲で泡が立つようにしてください。

「手でやらなくても、泡立て用のネットを使えばいいんじゃない？」と思うかもしれませんね。たしかに泡立てネットなら手早く、大量の泡がつくれますが、あまりおすすめはできません。

というのも純石けんはアルカリが強く、ネットだとお湯もあまり使わずに簡単に泡立つので、アルカリが強いまま肌にのせることになります。弱酸性の顔の皮膚につけるには少し刺激が強いのです。

では、なぜ手で泡立てるのがよいのかというと、手は弱酸性なので、石けんを中性の水と混ぜながら泡立てれば、泡は中性に傾くからです。顔に泡をつけるときにはもう安心です。できるだけ手で泡立てましょう。

手に少し水を含ませ、純石けんを転がしながら石けんと水となじませる。空気を含ませるようにしながら手をぐるぐる回して泡立てて。

24
泡立てた石けんは「Tゾーン＆あご」にのせる

洗う前に、顔の部分で一番皮脂の分泌が盛んなおでこと鼻筋の「Tゾーン」とあごにたっぷりと全部の泡をつけておきましょう。それから洗顔です。最初にTゾーンとあご、次に頬と目まわり、鼻下に泡を広げながら洗います。

指は顔の「皮膚割線《かっせん》」という筋肉繊維の流れに沿うように、基本、顔の中心線から外側に向けて動かしましょう。流れに逆らって洗ってしまうと、肌に刺激を与えることになり、シミやシワのもととなります。くわしい洗い方は60ページをご覧になってください。

注意ポイントは2つだけです。

・指にゴシゴシと力を入れてこすらない
・上から下に向けて指を動かさない（鼻だけ例外）

中指を中心にした指の腹を滑らせながら、あくまでもやさしく、まるで「豆腐の表面を崩さず、なでる」ように洗うのがコツです。

小鼻、口の周囲、目のまわりなど、凸凹のある部分は洗い逃しがちなので、意識して洗うようにしてくださいね。

洗顔スタート！　まず、顔の中で一番脂が多い「Tゾーン（おでこと鼻筋）とあご」に石けんの泡を置くところから。

25

指で洗う時間はなるべく短めに！ 10秒以内で終えられたら最高

②

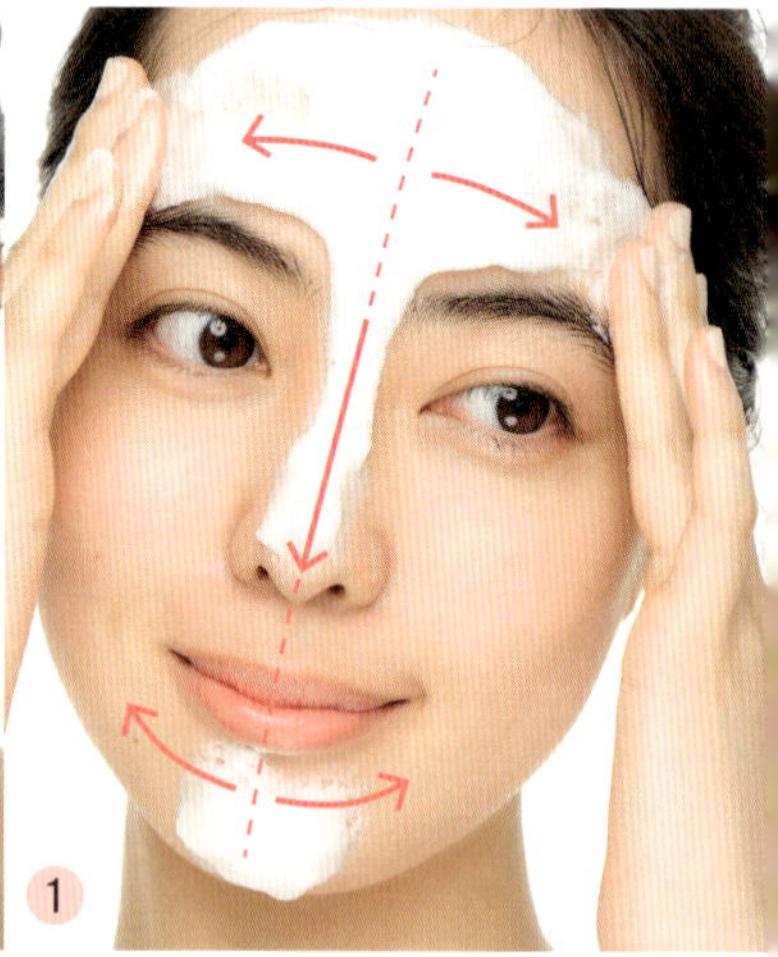

①

③

①Tゾーンとあごを洗う。顔の中心線から外側に向けて泡を広げながら洗っていく。ただし、鼻だけは例外で上から下に向けて泡を広げながら洗う。

②小鼻は2〜3回、円を描くように洗う。

③頬や目のまわり、鼻下も顔の中心線から外側に向けて洗う。フェイスラインも洗うことをお忘れなく。

皆さんはいつも顔を洗う時間、どれくらいかけていますか？

私は右ページでご紹介した1～3の手順で洗っても、8秒前後ですませています。

「えっ、短い！」と思うかもしれませんが、美容断食の洗顔は、できるだけ短くすませるのがポイントです。

なぜなら、手で泡立てて中和されているとはいえ、アルカリ性の純石けんを長く顔にのせていることは、やはり肌にとって刺激が強いからです。


それに洗顔時間が長ければ長いほど、肌をこする時間も増えてしまいますよね。

純石けんは洗浄力が高いので、短めに済ませるくらいがちょうどいいのです。洗顔時間は、長くても10秒以内で終わらせるようにしましょう。

26 すすぎは「水」よりも「お湯」で

石けんで洗いが終わったら、最後の仕上げのすすぎです。

すすぎには38～40℃のお湯を使いましょう。

「水で洗ったほうが肌にいいんじゃない？」とおっしゃる方もいます。でもそれは賛成できません。夜の肌はメイク化粧品や皮脂の汚れがクレンジングや石けんで洗ったとしても、それは肌から浮かせているだけで、まだ残っています。油汚れが落ちにくいのは、食器洗いをしているとわかりますよね。肌も同じで、水ですすいでも、化粧品や皮脂などの油性の汚れをはじいてしまうのです。ですからお湯のほうがきれいに落とせます。でも、熱すぎるお湯は皮脂のとり過ぎにつながってしまうので、38～40℃のお湯が適温ですね。

すすぎは20回程度を目安に、石けんの成分が残らないようにすみずみまでていねいに洗い落としましょう。必要以上に手で顔をこすったり、なで回したりしないようにしてください。

タオルでふくときも、ゴシゴシこするのはやめましょう。やさしく肌に押し当てながら、手早く水分を吸わせていきます。

顔の中心線から外方向にお湯をかけてすすぐ。さっと軽くなでる程度で、こすらないように注意。肌が敏感な人は顔をふくタオルにも気をつけて。タオルを洗濯するときは「蛍光増白剤」無配合の洗剤を選び、「合成界面活性剤」を含む柔軟剤を避けることで、肌への刺激を減らすことができます。

27
洗顔後は何もつけずに眠る！
これが健康美肌への近道

肌の汚れを洗顔で落としたら何もつけません。あとは寝るだけ。これまで乳液やクリーム、美容液などを重ねて夜のお手入れをしてきた人は、ちょっと落ち着かないかもしれませんね。

夜は、自律神経の副交感神経が優位に働いて、体がリラックスモードに切り替わり、「肌のメンテナンス」が行われる時間です。毛穴から汚れや老廃物を排出し、傷や肌荒れ、吹き出物などのトラブルを修復して新しい肌に生まれ変わるために、肌は夜、ずっとがんばっているのです。

どんなに高級な化粧品でも、夜の肌にぬってしまうと毛穴にフタをするようなもの。栄養を与えているつもりで、かえって肌のがんばりを邪魔してしまいます。

多少のつっぱりを感じたとしても、ここは我慢のしどころ。次第に肌が潤ってくるのを実感できるはずです。

大事なのは、夜の洗顔を早めに終えることです。汚れを早めに落として、肌の再生の手助けをしてあげましょう。

眠るときは肌に何もつけない。だから、肌の排出やメンテナンスの働きが活発に。目覚めた後の肌の調子が楽しみになってくるはず！

28
肌が乾燥してつらい人や更年期以降の人だけ成分表示がシンプルな「化粧水」を＋《プラス》

夜は何もつけない「美容断食」では、最初のうちは肌もびっくりして、いつもよりつっぱっているように感じると思います。多少つっぱっても、そのうち必ず自前の皮脂や水分などで潤って、さらさら肌に変わってきます。

でも、どうしてもつっぱってつらいとか、肌が乾燥してガサガサしてくるというようであれば、化粧水でちょっぴり肌に水分を与えてあげましょう。洗顔後、肌が乾かないうちに、少量の化粧水を手にとって肌になじませます。特に、肌の乾燥に悩んでいる更年期以降の人は化粧水をつけることをおすすめします。

ただし、どんな化粧水でもいいわけではなく、無香料・無着色のシンプルな成分表示のものを選びましょう。私のサロンでも、アルカリ水とハチミツのみで作った美容断食用のシンプルな化粧水を開発しました。

肌の乾燥が軽くなってきたかなと感じたら、その時点で救済は終了です。肌を甘やかさないことが重要です！

洗顔後、なるべく少量の化粧水を手にとって両手になじませてから、顔全体を包み込むように顔の中心線から外側に向けて、化粧水をつけます。スプレータイプの化粧水をかけてもOK。ちなみに、唇だけは毛穴がなく、皮脂がつまる心配はないので乾燥してつらい場合は「美容断食」に関係なく薬用リップバームや保湿クリームをぬって大丈夫です。

29

洗顔後にお風呂に入れば「スチーム効果」で毛穴の奥まできれいに

夜の洗顔は、日が暮れたらなるべく早く済ませるのがおすすめですが、もし、仕事などで帰宅が遅くなって、なかなか洗顔できなかった場合は、夜、入浴のタイミングでするのがいいでしょう。私もいつもそうしています。

洗顔後に湯船に浸《つ》かると、お風呂にはスチーム効果があるので、毛穴が開きやすくなり、汚れの排出が促されるんです。

スチーム効果以外にも、湯船に浸かるということは肌にとって重要です。それは「冷え」解消に効果抜群だからです。

体が冷えると血液の循環やリンパの流れが悪くなってしまい、余分な水分がたまって、老廃物が排出されにくくなってしまいます。すると、体がむくみ、下まぶたや頬、フェイスラインなど顔のたるみも現われて、シミやクマもできやすくなってしまうのです。

湯船に浸かれば、体じゅうの血行やリンパの流れがスムーズになり、それらが解消されます。血管の先のほうにまで血が行き渡るので、顔色もよくなるでしょう。

何より、湯船に浸かってリラックスすれば、深い眠りも得ることができ、そうすれば肌の「再生と修復」を担っている「成長ホルモン」がいっぱい分泌されることになります。

特に暑い夏は、シャワーだけで済ます人も多いと思いますが、冷房で冷えた体のためにも週1回は湯船に浸かるようにしてください。

さらに湯船に浸かりながら、「ホットタオル」を顔に当てれば、より毛穴のお掃除効果がアップします。ホットタオルは38〜40℃のお湯に浸したタオルをよく絞ってつくってください。タオルが冷めるまで使って大丈夫ですが、くれぐれも呼吸できるように鼻周辺を開けておいてくださいね。くわしくは168ページをご覧ください。

ホットタオルで肌の血行もよくなるので、新陳代謝アップも期待できます。ついでに、首の後ろにもホットタオルをあてればさらに血行アップ。肌にハリも出てくるでしょう。

しっかりメイクをした日や、1回きりの洗顔では汚れ落ちが心配という方も、ぜひ試してみてくださいね。

30

「美容断食」は何歳になっても続けていける最強のスキンケア

ここまで私流のスキンケア「美容断食」についてお話ししてきましたが、いかがでしたか？

すでに「美容断食」を試してみた方や、読みながら「今晩さっそくやってみよう」と思ってくださった方がいらっしゃるとうれしいのですが。

私のサロンのスタッフやお客様で「美容断食」をしている方たちも、最初のうちは「つっぱる」「大丈夫？」と不安げでした。でも、そんな方たちの多くが、1か月もかからずに効果を実感しています。

なんといってもいいのは、手間もお金もかけずに、確実に効果が出ることではないでしょうか。

私は自分の経験に基づいて、より「美容断食」の効果が上がる商品も開発しています。だからといって、「美容断食」は、それを使わなければできないような美容メソッドではありません。

特別な技術も必要なく、誰もができるので、10代、20代はもちろんのこと、70代、80代、いえそれ以上の方であってもずっと継続して続けていくことができます。いわば最強のスキンケアです。

もちろん歳を重ねると、肌の状態も徐々に変化してきます。当然、お手入れの方法にも多少マイナーチェンジが必要になってきます。それについてはChapter6でお話ししますが、それでも「夜は何もつけない」という「美容断食」の基本路線は変わりません。

化粧品に依存するスキンケアを続けていると、年齢を重ねるごとに不安が募り、「目元まわりの美容液を足さなきゃ」「そろそろシワ改善用のクリームも必要かも」と化粧品がどんどん増えていくことに。あるいは化粧品をとっかえひっかえすることになるでしょう。「美容断食」は、そうした不安とは無縁です。

いくつになっても健康な美肌を保つために、ぜひ「美容断食」を始めてみてください。

Chapter 3

AWAKENING SKIN CARE

目覚めのスキンケア

“夜より朝しっかり、
逆転のスキンケア
「美容断食」”

31

朝は「冷水洗顔」より「お湯＋石けん洗顔」を

さあ、ここからは朝のスキンケアです。

朝はシャキッとしたいからと冷たい水で洗顔しているという方もいるでしょうが、「美容断食」では、朝も夜と同じように、石けんとお湯で洗顔をしてください。

「これまで水洗顔をしてきたけどお湯で洗顔する必要あるの？」とか「朝の肌はそれほど汚れてないから石けんは必要ないんじゃない？」と思うでしょうね。

夜はスキンケアの化粧品など何もつけないで寝ているし、外に出たわけでもないのですから。

でも実は、朝は、夜に出た皮脂や汗などの老廃物で、意外に肌が汚れているんです。

特に「美容断食」を始めたばかりの頃は、それまで夜のスキンケアなどで毛穴につまっていた汚れがたくさん排出されます。「朝、目覚めると肌がかなりオイリーにテカっている」なんて人も少なくありません。

でもそれは、肌が夜にきちんと新陳代謝をしている証拠。だから水洗いだけだと油分にはじかれて、汚れが落ちないというわけです。実際に「美容断食」を始めてみると、水洗いだけではちょっと満足できないという声もよく聞かれます。朝もお湯を使ってしっかり汚れを洗い落とす、これが基本です。


お湯の温度の目安は、ぬるめのお風呂やシャワーくらいで、だいたい38～40℃と考えていただくといいでしょう。

石けんでの洗い方も夜と同じで、手で泡立て、指の腹で滑らせるように洗い、寝ている間の汚れを落としましょう。

洗顔後はタオルを顔にあてながら、こすらずにやさしく水分を吸いとります。これで朝の洗顔タイムは終了です。

32
夜より朝しっかり！逆転のスキンケア

「美容断食」の朝は、洗顔後にこれまで通りスキンケアをします。普通は夜のスキンケアが重要といわれていますから、まるで反対ですね。朝は夜と違って、スキンケアしないほうが、かえって肌にマイナスなのです。

朝は、これから始まる1日に向けて、夜とは逆に自律神経の交感神経のほうが優位になり、肌が戦闘モードに入っています。

そんな状態の肌に、もし何もつけなければどうなるでしょうか。私も以前に試しましたが、肌が耐えられないほどつっぱり、その後どんどんオイリーになり、しまいにはかぶれるという結果になりました。

なぜこうなるかというと、戦闘モードの朝の肌が乾燥や紫外線、ホコリなどの刺激物を防御しようと、過剰に反応するからです。これを繰り返すと皮膚が厚くなったり、シミやシワが増えたりするだけでなく、肌の老化につながります。

だから、肌が暴走してがんばり過ぎてしまうのを防ぐためにも、朝はしっかり化粧品でスキンケアをしましょう。これまで夜に使っていた化粧品を朝使えばいいのです。もちろん、ちゃんとメイクもしてください。

ただし、「やった！　じゃあ、あれもこれも使っちゃおう」とばかりに何種類もスキンケア化粧品をぬったり、メイクを張り切り過ぎたりしないようにしてください。スキンケアもメイクも、あくまで「美容断食」であることをお忘れなく。

では、朝のスキンケアはどんな化粧品をどれだけ使えばいいのか、メイクはどこまでＯＫなのか、これからお話ししていきましょう。

33

朝のスキンケアは洗顔後の「化粧水→美容液→クリーム」この３つだけで美しくなれる

1. 化粧水

2. 美容液

3. クリーム

洗顔後に化粧水、次に美容液、最後にクリーム。これが「美容断食」の朝のスキンケアに使うすべての化粧品とその順番。すべて必ず１つずつです。乳液は使いません。

それでは、朝のスキンケアに使う化粧品を順番にご紹介していきましょう。

①化粧水→②美容液→③クリーム

以上、使う化粧品は、この3つです。「夜、何もつけないのに、朝もこれだけなの？」と思われるでしょうか？　少ないようですが、これだけで十分きれいになれるのです。

くれぐれも、「この3つならいいのね」とばかりに、美容液やクリームを何種類もぬらないようにしてください。化粧品の重ねすぎが続いたら、肌肥満へのコースまっしぐらです。せっかく夜の「美容断食」を始めた甲斐がありません。

また、化粧品もなんでもいいというわけではなく、肌の持つ力をとり戻すためには内容や品質は吟味したいところです。そこで、次は朝のスキンケア化粧品の選び方についてお話ししていきましょう。

34

40代からは敏感肌傾向！「無着色」「無香料」「低刺激性」のコスメを選んで肌に安らぎを

サロンのお客様と接していると、40代以降の女性は疲れているなと感じます。

もともと40代は、仕事もプライベートも充実している人ほど忙しく、知らず知らずのうちに疲れがたまってしまいがちです。体はもちろん、自律神経の乱れで気分も不安定になりますし、当然、肌も敏感肌に傾いて発疹《ほっしん》などのトラブルが起きたり、これまで使っていたスキンケア化粧品が合わなくなったと感じたりする方も多いのではないでしょうか？　私もそうでした。

すでに何度かお話ししたように、化粧品には化学物質がたくさん含まれているものも多く、選び方や肌のコンディションによっては肌が荒れたり、アトピー性皮膚炎を引き起こしたりするなど、トラブルのもとになることもあります。とてもではありませんが、疲れた肌にはおすすめできません。

40代以降、肌の状態が変わってきている、トラブルが目立つようになったと感じたら、迷わず肌にやさしい化粧品に替えて、肌に安らぎを与えましょう。

とはいうものの、化粧品の成分表示は細かくて、どれが何の成分なのかわかりにくいですよね。

そんなときは、「無着色」「無香料」「低刺激性」という表示があるものを選ぶことをおすすめします。

色素は紫外線を引き寄せるし、合成界面活性剤は肌のバリア機能を壊し、香料や防腐剤なども肌に刺激を与え、シミや乾燥、かゆみなど肌トラブルのもとになります。これらの要素が少なければ少ないほど安心して使うことができるでしょう。

ちなみに40代に限らず、肌に悩みのある方は、20代、30代であっても、スキンケア化粧品は「無着色」「無香料」「低刺激性」が原則です！

35

化粧水は手でつけて！コットンを使うならオーガニックを

はじめに化粧水をつけますが、必ず洗顔後の肌が乾く前につけましょう。乾燥した肌では化粧水が浸透しにくいからです。

化粧水を手にとったら、両手でなじませ、顔全体を包むようにやさしく押さえながら、洗顔と同じように、顔の中心線から外側に向けてつけていきます。

次に、指の腹を使って、目のまわりから口まわり、フェイスラインなどの指でなくては届かない細かいところまで、化粧水をなじませていきます。このときも指の動きは、必ず顔の中心線から外側に向けて。小鼻だけは指先で丸く円を描いて化粧水をなじませましょう。このとき決して肌はこすらずに。

コットンを使って化粧水をつけるという方は、少々値が張っても無漂白、オーガニックタイプのものを選びましょう。

なぜなら手に入りやすい真っ白なコットンは、漂白剤など、製造の過程で化学薬品が大量に使われているものがほとんどなんです。

コットンといえど、肌に直接刺激を与える心配のあるものはできるだけ使わないようにしてくださいね。

ちなみに私は、ふだんのスキンケアの化粧水は手でつける派です。そうすれば毎朝、手で自分の肌のコンディションを確認することもできます。

ときには、化粧水をぬった後に手で肌をパッティングすることもあります。手のひらで頬やおでこを、顔の中心線から外側に向けてパチパチとたたくんです。毛細血管が刺激されて、血行が促《うなが》され、顔に赤みがさしてきます。化粧水も浸透しますよ。

ちょっと強めにたたいても大丈夫ですが、こすらないように注意してくださいね。

なお、ふだんのお手入れではコットンを使いませんが、ときどき「コットンパック」をすることもあります。日焼けをしたときや肌がかたくなってきたなと感じたときに効果があり、おすすめです。くわしいやり方はChapter6をご覧ください。

36

スキンケアコスメの中で投資するなら「美容液」

化粧水が肌になじんだら、次は美容液の出番です。

化粧水と同じように、必ず顔の中心線から外側に向けて、指を動かし、軽くなでるようにぬっていきましょう。くわしくは左ページをご覧ください。

ところで私は、重要なスキンケアアイテムのナンバー1は、美容液だと考えています。高濃度の栄養をお肌に直接届けるものだから、お肌への投資だと思って、ぜひ皆さんにも使ってほしい！

ではよい美容液の選び方はというと、ずばり「金額」です。

私自身、自社化粧品の開発をしてきた経験から、美容液に関しては、ほかの化粧品よりも中身と値段が比例していると断言できます。

高価な原料と質のよい水を使い、よけいな添加物を入れないために、密閉性や遮光性《しゃこうせい》の高い容器を使った美容液は、最低でも10000円前後くらいはするでしょう。低価格のものは、防腐剤などの添加物を大量に使用してコストを抑えているものが多いです。使うなら安い美容液ではなく高い美容液を！　肌のためです。

エステティシャン流　美容液のぬり方

「皮膚割線に沿って!」

・美容液がジェル状やクリーム状だったら、容器から手の甲に適量とり出し、指で額、両頬、眉間、あごの５か所につけたら、指の腹を使って伸ばしていきます。

・美容液が液状だったら、まず手のひらに美容液を出した後に両手でなじませ、顔全体を包むようにやさしく押さえながらつけていきます。それから指の腹を使って細部に美容液を伸ばしていきます。

・そのときに、いちばん大事なのは、「皮膚割線」という皮膚の流れに沿って「顔の中心線から外側に向けて」やさしく手を動かすこと。洗顔をするときや化粧水、クリームをぬるときも同じです。

・「皮膚割線」に逆らって顔を上下にこすったりすると、皮膚がダメージを受けてしまいます。

・鼻だけは上から下に皮膚割線が流れているので、その流れに沿ってタテに伸ばして広げていき、小鼻は指の腹でくるくると２ ～ ３回ほど回して美容液をなじませてくださいね。

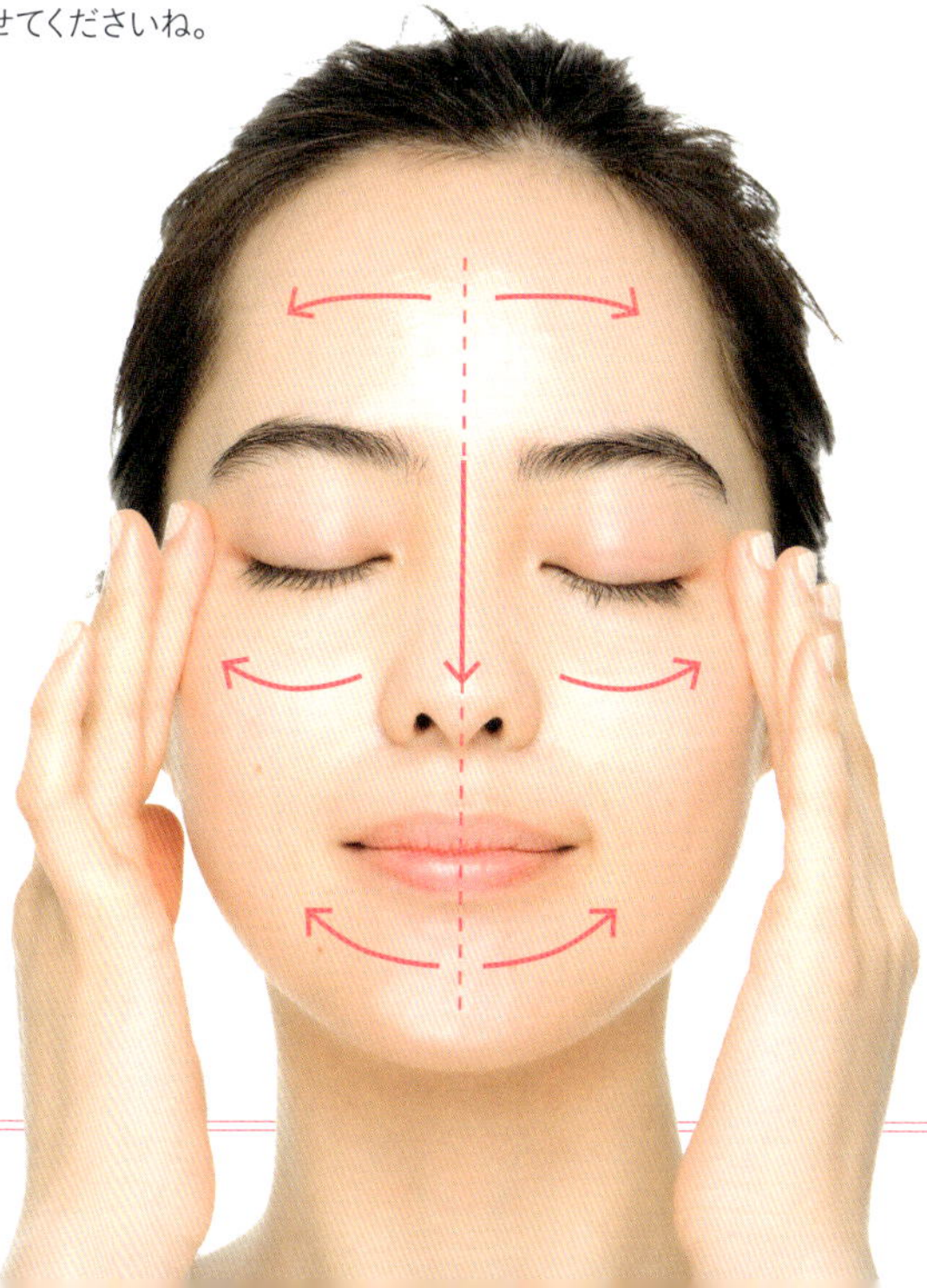

37

「乳液」より「クリーム」派！使う量を＋－《プラスマイナス》すればオールシーズンお役立ち

続いてはクリームです。オイリー肌の人などは「クリーム？　何だかベタつきそう」と感じて、避けてしまうことも多いようですね。そのかわりに使われているのが乳液です。クリームよりもさらっとしていて使い心地がさっぱりしているからでしょう。

でもそれは誤解なんです。

乳液は油の粒子を水がとりまく構造をしていて、肌につけたときはさっぱりしていても、水が蒸発すると油分が残るので、実は意外にベタつきます。

反対にクリームは、水の粒子を油がとりまく構造をしているため、油分は多いですが水分が守られた状態が続くのです。

また、乳液は水分が多いため、油と乳化させるためにたくさん界面活性剤が使われていると考えられます。

だから「美容断食」では、乳液ではなくクリーム推《お》し。汗をかきやすい時期は冬より薄めにするなど、季節によってつける量を調節すれば、ベタつきも気になりません。

38

クリームは肌が乾く前に素早くつける

クリームをつけるときのポイントは、美容液をぬった後、肌が乾く前につけるということです。クリームの役割は、美容液をぬった肌にフタをして成分を肌に浸透させるということ。美容液が無駄にならないように、素早くつけましょう！

クリームは容器から手の甲に表示の推奨量を目安にとり出し、指で額、両頬、眉間、あごの5か所につけたら、指の腹を使って伸ばしていきます。

洗顔や化粧水、美容液と同じように、「皮膚割線」の流れに逆らわないよう、必ず顔の中心線から外側に向けて、指を動かし、軽くなでるようにぬっていきましょう。

鼻だけは上から下にタテに伸ばして広げていき、小鼻は指先を回してクリームをなじませます。

クリームは、必要以上にたっぷりつけるとベタつくうえに、毛穴につまって酸化してしまいます。商品によって適量は違ってくるので、説明書などをよく確認してから使うようにしましょう。

39

スキンケアコスメは顔だけでなく耳裏や耳下までぬる

下の写真内の矢印のように耳の前や耳の下、耳の裏まで、耳まわりを指先で上下になでながらぬると、顔まわりの筋肉がほぐされて表情がよくなっていくのがわかります。耳の下などは耳下腺があり、リンパの流れや老廃物などの排出もよくなって「きれい肌」につながりますよ。

ここまで、化粧水や美容液、クリームといったスキンケアコスメの使い方についてお話ししてきました。

ところで、先ほどもちょっぴりお話ししましたが、皆さん、スキンケアのとき、顔のどこからどこまで化粧品をぬっていますか？

おでこからフェイスラインに沿って顔全体？

中にはあご下や首の前、後ろにもぬっているという方もいらっしゃるでしょう。私は、それに加えて耳まわりまでぬっています。それも、耳の裏や耳下まで。

耳の前から下のあたりには、顔の表情を動かす筋肉がついているため、この部分の肌を整えることで表情も豊かになります。

また耳の裏などは見えにくいですが、コロナ禍のマスクでゴムがあたり続けてきた場所です。お顔と同じように、化粧品でケアをしてあげてください。

とはいっても、顔からの流れで、ささっと指を滑らせる程度でOKです。肌をこすることになるのでマッサージは避けましょう。

40 メイクはクリームがなじんで肌がさらっとしてくるまで辛抱強く待つ

スキンケアが済んだら、さあメイクをスタート。でもちょっと待って！

メイクを始める前に、肌をちょっと触ってみてください。スキンケアの最後にぬったクリームで、顔がまだ少しベタっとしていませんか？

そんなときは、ちょっと時間をおいて、クリームがなじんでくるのを待ちましょう。待ち時間は朝食をとったり、歯磨きをしたり、他の用事をすることで時間を過ごしてみてください。

しばらくすると肌がさらっとしてくるので、そこからメイクを始めます。

「朝は忙しいから、早くメイクにとりかかりたいんだけど……」と、イラっとする気持ちもよくわかりますが、ここはグッと我慢が必要です。

次のChapter4でもくわしく説明しますが、「美容断食」のメイクは、下地を使わず、パウダーファンデーションから始まります。

顔がベタつくということは、肌の表面にクリームの油分が残っているということ。その状態でパウダーファンデーションをぬり始めると、ヨレやぬりムラのもとになります。

だからといって、無理にファンデーションを伸ばそうとしたり、何度もぬり直したりすれば、肌への摩擦が増えるうえに厚化粧のような印象に仕上がります。おまけにスポンジにもクリームの油分がついて、不衛生なことこのうえなし。

朝はスキンケアのあと、メイクをする前に少しだけインターバルをおいてみる、きれいなメイクができるコツです。

Chapter

4

MAKE-UP IN THE DAYTIME

日中のメイク

“「美容断食」流
「薄メイク」の
テクニックで
健康美肌へ”

41
日中の肌は「戦闘モード」！すっぴんが続くと装甲の厚い肌に激変

世の女性にとって、すっぴんはいくつになっても憧れ。いつもはメイクをしっかりしていても「美容断食」で肌がきれいになったら、1日じゅうすっぴんで過ごしたいな、と考えている方もいらっしゃるかもしれませんね。

あるいは、お肌の手入れやメイクは面倒だから、すっぴんでいたいなんて方も？

でも、残念ながらそういうわけにはいかないのです。

これまでお話ししてきたように、肌は自律神経の働きで、夜と日中で活動が違ってきます。

夜は副交感神経が優位になり、体は休息モードに入ります。血管が拡大し、末端の毛細血管への血液が良く行き渡るようになり、いわゆる「血行のよい」状態になります。体の隅々まで栄養が届き、肌も「潤い」がアップされます。新陳代謝も活発になって「排出」が促され、肌の毛穴からも老廃物や汚れなどがどんどん出てきます。肌の「再生」や「修復」という大仕事も行われています。

反対に、朝日覚めてからの日中は交感神経が優位になり、体全体が戦闘モード。血管は収縮し、夜に比べると「血行の悪い」状態になります。肌のバリア機能も落ち、乾燥しやすくなっています。

それなのに、何もつけずにすっぴんでいるということは、武器を持たずに素手で戦うようなもの。迫り来る紫外線、細菌やウイルス、PM2・5や排気ガス、粉塵などの大気汚染物質……私たちの体は多くの敵から肌を守ろうと過剰防衛になり、せっせと皮脂を分泌し始めます。この状態が続くうちに肌がかたくなり、装甲の厚い肌へと変わってしまうのです。

実は日焼けもこうした防御作用の一種なんです。紫外線が肌の細胞の奥にまで届くのを防ぐため、メラニン色素を過剰に作り出し、その結果シミになってしまうというわけですね。

日中にすっぴんで過ごすことは、肌にとってはとても過酷な状況。家にずっといる日でも、せめて化粧水からクリームまでの基礎化粧品だけはつけるようにしましょう。

42 昼間の肌はメイクで「ガード」が必要

日中、外に出ると、肌はあらゆる敵と戦っています。紫外線や細菌、ウイルス、PM2・5や排気ガスなどの大気汚染物質、肌ダメージを与えるこれらと常に戦って、過剰防衛の状態なのです。

そのとき、味方となって肌を守る役目を果たしてくれるのが「メイク」です。

とはいっても、肌を守るために多くの化粧品を重ねるということではありませんのでご注意を。

ちなみに17年間「美容断食」をしている私は、ときどき、ノーメイクで日中に外出することもあります。

多少日焼けしても、自分の肌の力で必ず回復するからです。

でも、今から「美容断食」を始める皆さんは、まだその域にはありません。メイクでガードすることが必要です。

「美容断食」を続けるうちに肌本来の力がついて、たまにノーメイクで外出しても紫外線などにも立ち向かえるようになってくるはずです。

ではどんな化粧品をどれだけ使えばいいのか。
次のページから「美容断食」流のメイク法をくわしくお話ししていきますね。

43

40歳以降は「薄づき」を心がけて！一石二鳥の効果あり

「若い頃はナチュラルメイクでも大丈夫だったけど、今はね……」

40歳を迎える頃になると、こんな声も周囲からちらほら聞こえてきます。そして、それと比例するかのように、40代以降の女性のメイクは徐々に厚くなっているように見えます。

おそらく皆さん、あまり意識はしていないのかもしれませんが、なんとなく気になり始めた肌のくすみ、シミ、シワを目立たなくしようという心理が働いているのでしょう。それらをカバーしようとメイクが厚くなっていくのです。そして年齢がいくほどメイクの濃さも増していきます。

でも、「美容断食」では、厚いメイクは肌のためには禁物、あくまで「薄づき」を心がけましょう。

前のページで日中は肌をガードするためにメイクが必要とお話ししましたが、それにも限度があります。

メイクが厚くなるということは、それだけたくさんの化粧品を使って、肌にどんどん重ねていくということ。そうすれば、当然、肌は呼吸困難に陥ります。それに一つ一つの化粧品にあらゆる添加物が含まれていますから、肌はそれだけ多くの刺激を受けることに。何度も化粧品をすりこむことで、肌への摩擦も多くなります。メイク落としも合成界面活性剤を大量に配合したクレンジング剤をそれなりに使って、念入りにしなければなりません。

おまけに、これは後でも話しますが、カラーの強いメイクは紫外線を集めやすいため、シミにもつながります。これでは肌にとって「百害あって一利なし」ですよね。

肌の負担を増やす厚いメイクは、老化への道まっしぐら。「美容断食」がメイクを薄くすることを基本にしているのは、こういう理由があるからなのです。

それにメイクを薄づきにすれば、肌だけでなく、化粧品の数も減らせるのでお財布も安心。一石二鳥だと思いませんか？

44
ベースメイクに使うのは
ファンデーションだけでいい

「美容断食」では朝は洗顔後、化粧水→美容液→クリームと、通常のスキンケアをしますが、その後のメイクが違います。

初めに行うベースメイクは、ファンデーションのみでＯＫです。下地クリームはいりません。

下地クリームは、肌の凸凹を均一にしてファンデーションのノリをよくするだけでなく、シミ、くすみをカバーして肌に透明感を出してくれます。さらに肌色を調整して、健康的に見せる効果もあったりします。

今は下地クリームにも優秀なものが多く、下地さえぬっておけばファンデーションもいらないというものも多く見られます。ちょっと買い物くらいの外出なら、そのほうが手間もかからないし、むしろナチュラル感が出るようにも思えますね。

でも、肌をきれいに見せてくれるということは、それだけ密着性が高いということの裏返し。化粧落としのときには洗顔だけでは間に合わず、クレンジング剤を使わないと肌に成分が残ってしまうものも多いのです。

おまけに肌になじみやすいよう合成界面活性剤などの成分が多く使われているので、肌に浸透することで潤い成分NMF（天然保湿因子）や細胞間脂質を溶かし、バリア機能を壊して肌荒れを起こす原因になることもあります。これはBBクリームなどのオールインワンタイプの化粧品も同様です。


朝のスキンケアが済んだ肌に最初につけるものだから、できるだけ肌への負担の少ない、安心なものから始めたいですね。

これまで愛用していた下地クリーム、ちょっともったいないかもしれませんが、思い切ってどうぞ今日でさよならしてください。

45
ファンデーションは
リキッドではなくパウダータイプを

皆さんはどのタイプのファンデーションを使っていますか？「美容断食」でおすすめするファンデーションは「パウダーファンデーション」のみ。リキッドファンデーションもクリームファンデーションもクッションファンデも使いません。

くすみやシミが気になり始めると、リキッドファンデーションに移行する人も多いようです。実は私自身も以前、リキッドファンデーションを使っていた時期がありました。年齢を重ねた肌には、肌のアラを隠せてなじみやすいリキッドタイプは重宝するんですよね。化粧くずれも気になりませんし……。

けれども、よくよく考えると、化粧くずれしないということは、肌に一日中密着しているということでもあります。**肌は呼吸しにくいし、クレンジングをするときは肌への負担もパウダーファンデーションよりかかる**でしょう。

リキッドという名前が示すように、油分となじませるために、水分が多く含まれています。合成界面活性剤もたくさん使われています。それが肌のバリアを壊して肌を荒らすということは、皆さん、もうよくご存じですよね。水分が多ければ、それだけ防腐剤も多く含まれているはずです。

さらに厄介なことに、リキッドタイプはしっとりしている分、粉(＝フェイスパウダー)をはたきたくなります。粉はパウダーファンデーションとは違って、油分が入っていないため、肌の水分を吸収して乾燥させてしまうものが多いのです。

そのうえフェイスパウダーをはたくと、眉やアイメイク、ルージュなど、薄めのナチュラルなカラーがなんだか合わなくなり、ついつい強めの色を使うようになっていくように……。こうしてどんどん肌に化粧品が重ねられていくことになるわけです。

この厚ぬりのスパイラルを断ち切って薄づきメイクを始めるには、ファンデーションはパウダータイプに変えること。まずはそこからスタートです!

46

日焼け止めはUV下地をぬらなくても パウダーファンデがあれば十分

「美容断食」では、下地クリームは必要ないとお話ししましたが、それは日焼け止めも同じです。

今のファンデーションは、UV効果のあるものがほとんど。だからパウダーファンデーションをつけておけば、わざわざUV下地をぬらなくても大丈夫です。私はもう何年も、そうしています。外出の際にはUV下地はもちろん、美白化粧品のたぐいも一切つけていないんですよ。パウダーファンデーションだけです。

シミやシワなど紫外線による肌への害については、もう常識になっていますが、実は紫外線をブロックする日焼け止めの成分も安心できません。

日焼け止めの成分には、紫外線吸収剤と紫外線散乱剤の2種類があります。

紫外線吸収剤は、文字通り紫外線を吸収して熱エネルギーなどに変換し、放出するというもの。化学薬品が使用されており、肌に刺激を与えます。

紫外線散乱剤は酸化亜鉛や酸化チタンなどの金属系の粉が主に使われていて、肌の表面で紫外線を反射させてブロックします。日焼け止めをぬると肌に白っぽく残る、あの成分です。ノンケミカルで紫外線吸収剤よりも安心といわれますが、化学物質を使っていないというわけではありません。

今はUV下地に始まって、スキンケア化粧品からファンデーションと、多くの化粧品に日焼け止め成分が含まれています。ということは、知らず知らずのうちに日焼け止め成分を何重にもぬってしまっているわけです。これは肌にとっては、かなりの負担です。


強い日差しのときは化粧品ではなく、帽子や日傘、サングラスなどの小物類を活用してください。多少日焼けをしたとしても、健康な肌であれば新陳代謝が進み、シミやシワも徐々に薄くなってくるはずです。

47

敏感肌や更年期以降の肌によいのは
ブラシではなくスポンジ

メイクをするときはコスメだけでなく道具にも注意が必要です。基本的に敏感肌や更年期以降の方は、メイクにブラシは使わないことをおすすめします。

品質によって程度の差はありますが、ブラシが肌に摩擦を与えるという点ではどれも一緒です。毎日使えば、それだけ肌は刺激を受け、乾燥や肌荒れ、最終的にはシミの原因になってしまいます。

欧米ではブラシを使ったメイクは一般的ですが、欧米人の肌は角質層が意外に分厚いので、ブラシを使ってもそれほどダメージはありません。

反対に日本人の肌は角質層がとても薄く、ちょっとした刺激でもすぐに剥《は》がれてしまうのです。

健康な肌であれば回復も早いのでそこまで心配はいりませんが、敏感肌や更年期以降世代の肌には、ブラシの刺激は気になります。ファンデーションならスポンジを、アイメイクをする場合にはアイシャドウチップを使いましょう。

48

ファンデをつける量はごく少量に！
スポンジを1、2回転させるだけ

スポンジをパウダーファンデーションにつけて、1、2回くるりと回します。力を入れず、軽くとるのがポイント。

ここからは、パウダーファンデーションのつけ方をお話ししていきましょう。厚ぬりにならないコツが各プロセスにあるので、注意して見ていってくださいね。

まずファンデーションにスポンジをつけ、1、2回くるりと回してください。こうすることで、ファンデーションをムラなくスポンジにつけることができます。

ふだんの薄づきメイクでは回す回数は1、2回で十分ですが、少ししっかりめにメイクをしたいときは、3回くらい回してとるといいでしょう。

そして、肌につける前にもうひと手間。ファンデーションをつけたスポンジを、もう片方の手の甲に、ぽんぽんと1、2回程度はたいて余分なファンデーションを落とします。この手間をカットすると、肌につけたときムラができやすいので、ぜひ面倒がらずにやってくださいね。

49

ファンデはダイヤモンドラインにオンしてからトントンと伸ばしていく

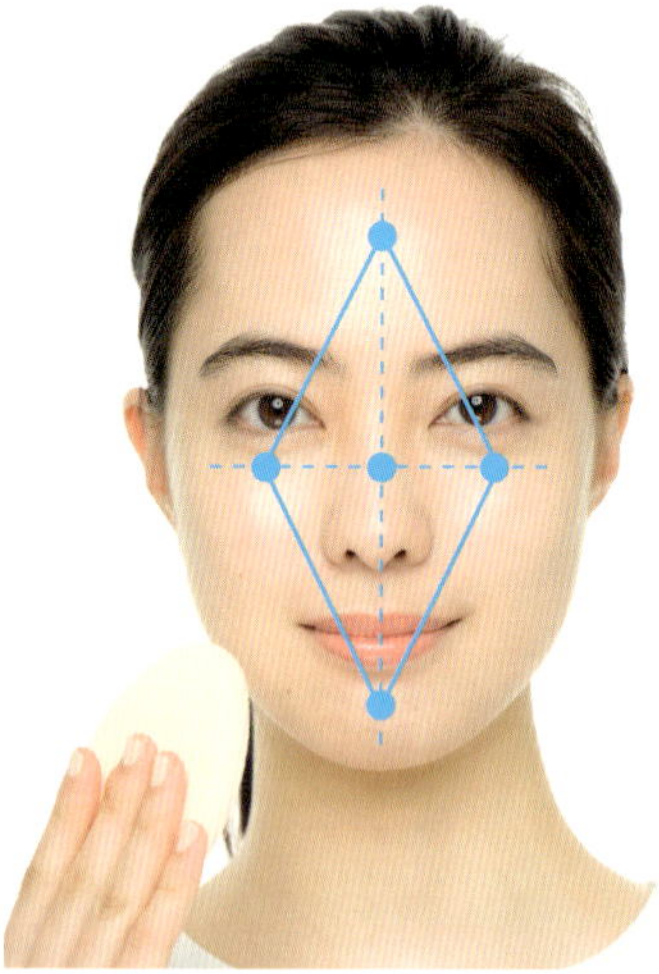

1 写真の青線がダイヤモンドライン。そのダイヤモンドラインの接点の5か所（左右の頬→おでこ→鼻→あご）にまずファンデをつけて。

2 写真の矢印のように、顔の中心線から外側に向けて、スポンジでファンデをトントンと軽くたたくように伸ばしていく。鼻だけは上から下にタテに、小鼻はスポンジの先を使って、1、2回丸く回して伸ばしていく。

スポンジにとったファンデーションは、いきなり1か所からぬり始めずに、まず、

左右の頬→おでこ→鼻→あご

の5か所にのせていきましょう。

私はこれを、「ダイヤモンドライン」と呼んでいます。

そしてスポンジで軽くたたきながら、顔の中心線から外側に向かってファンデーションを伸ばしていきます。

くわしくは右ページの写真をご覧ください。美容液などのスキンケアコスメをぬるときと同じように、「皮膚割線」という皮膚の流れに沿ったぬり方です。

ここで絶対にやってはいけないのは、スポンジを肌につけてこすりながら伸ばすことです。小鼻や目のまわりなど、くぼみの部分にぐいぐい押し込むのもやめましょう。

あくまで軽く、優しく、小刻みにトントンとたたきながら伸ばすのが、薄く、ムラなくきれいにつけるためのポイントです。

50

フェイスラインはスポンジに残ったファンデだけで伸ばす潔《いさぎよ》さが必要

顔全体にぬった後、「スポンジに残った分」のファンデーションをフェイスラインに。
薄づきメイクのポイントです。

ファンデーションの最後の仕上げは、あごや生え際などのフェイスラインです。

顔全体にぬった後なので、スポンジに残っているファンデーションの量が物足りなくて、ついついファンデーションをつけ足しているという方も多いのではないでしょうか？　でも、それはやめましょう。

フェイスラインにファンデーションを多くのせて、ほかの部分と同じトーンにしてしまうと、全体にペッタリとした仕上がりになり、厚化粧に見えます。

立体的でナチュラルな印象に仕上げるなら、フェイスラインはスポンジに残ったファンデーションを伸ばすだけで十分。「追いファンデ」は不要です。

51
コンシーラーには頼らない

ベースメイクの仕上げとして、シミやクマ隠しに重宝されるコンシーラーですが、これも「美容断食」ではおすすめしていません。ファンデーションだけではどうしてもカバーしきれないようなシミやシワを隠すものですから、その密着性は強力です。

当然クレンジングでも簡単には落ちないでしょうし、成分的にもバリア機能を壊す合成界面活性剤がたくさん使われているでしょうから、肌への刺激が心配です。シミの上にぬれば、さらにシミを濃くする危険性もあるでしょう。

シミやクマが気になるのはよくわかりますが、私は肌に負担をかけてまでぬる必要はないと考えています。

「美容断食」で肌力が回復すると、シミは目立ちにくくなります。肌の健康をとり戻すために、コンシーラーをぬらない勇気をもちましょう。

52

頬に自然な血色が戻れば チークはいらない

私がメイクコスメの中で、最も必要ない、というよりもこれだけは使ってはいけないと考えているものがあります。なんだと思いますか？

それは「チーク」です。

今は、白い肌に上手にチークを入れている方も多いですね。ほんのり赤みをさした頬は、たしかに表情を華やかに見せてくれます。でも、華やかな色というのは、えてして色みが強い。おまけにチークはとても粒子が細かいため、肌の奥の角質層まで入り込んでしまうのです。

それでなくてもチークを入れる場所というのは、顔の中でも高さがあって紫外線を浴びやすい部分です。そんなところに強い色を入れたらどうなるでしょうか？

そう、シミができますね。

だから私は決してチークは使っていないんです。

でも、実を言うと、頬にほんのり色を入れるときもあります。

どういうことかというと、ベージュピンクのパウダーファンデーションを頬にチーク代わりに入れているのです。

色はつきますが、ごくうっすらと。チークほど強い色調ではありませんし、粒子もそれほど細かくないので、肌の奥に入り込む心配がありません。

つけ方は、ベースのファンデーションをぬった上に、パフでベージュピンクのファンデーションを軽くたたくだけです。あまりたくさんぬると厚化粧になってしまうので要注意ですが、もともとがファンデーションですから、ベースメイクにもなじみやすく、自然に仕上がります。ぜひ皆さんも試してみてください。

53

紫外線は濃い色めがけてやってくる！アイシャドウは40代以降は「薄色」にシフト

アイシャドウはメイクの醍醐味の1つですから、肌にダメージのない範囲で楽しんでください。

ただ、少しだけアドバイスするなら、日常的に濃い色のシャドウを使うのは避けたほうが無難です。特に40代以降は薄色にシフトしていきましょう。

アイメイクに限りませんが、濃い色のメイクは、紫外線を招き寄せるようなもの。今はいいかもしれませんが、将来的にはダメージが大きいからです。

私の若い頃は、全般的に濃いメイクが流行していました。口紅は強めの赤、チークやシャドウも濃くダークなカラー、眉は太く、鼻に立体感を出すためにノーズシャドウも入れていたりしました。

今、その年代の女性の肌を見ると、濃いシャドウやチークを入れた部分にうっすらとシミが残っていることがあります。

長年、濃い色のメイクを続けていたがゆえの「後遺症」とでもいうのでしょうか。こうなってしまったら、とり返しがつきません。たまに使う分にはいいですが、毎日はやめておいたほうが無難です。

ラメやパール入りのアイシャドウは、キラキラと華やかさを出してくれますが、金属成分を含んでいるので洗顔やちょっとのクレンジングでは落ちにくく、厄介です。

だからといって、ゴシゴシこすってクレンジングをすると肌を傷つけます。それでもとれずに肌に残ってしまったら、肌荒れにもつながります。

ラメやパールの入ったアイシャドウはできるだけ避け、どうしてもつけたいときは、目まわりにクリームをしっかりぬり、ファンデーションも忘れずぬること。そして落とすときは、特別に金属成分をキャッチして排出してくれる「キレート成分」の入ったクレンジングやアイメイクリムーバーを使うこと。この2つを心がけてくださいね。

54 繊細なまぶたにはブラシではなくアイシャドウチップを使う

ところで皆さん、顔の中で一番皮膚が薄いところって、どこだと思いますか?

それはまぶたです。頬の皮膚の2分の1くらいの厚さと聞くと、まぶたがどれだけデリケートな部分なのか、わかりますね。だからまぶたには、本当に刺激を与えないことが大切なのです。

そこで注意したいのがアイメイク。刺激を与えやすいブラシは避け、アイシャドウチップを使うことをおすすめします。アイシャドウを入れるということは、ただでさえまぶたに負担をかける行為。できるだけ肌に負担のない道具を使いましょう。その点、チップはまぶたにしっかりつくので、ブラシのように何回もこすらなくても、さっとなでるだけで発色良くつけられます。

アイシャドウチップの中でもスポンジ状のウレタン素材がパウダーアイシャドウにはきれいにつけられます。クリームやジェル系アイシャドウにはシリコン素材がおすすめ。どちらも肌にやさしいソフトなものを選んでくださいね。

55

アイシャドウは上まぶたのみ！敏感な下まぶたには触らない

そのまぶたでも、上まぶたより繊細なのが下まぶたです。寝不足になるとクマができたり、しょぼしょぼしたりと、あきらかなダメージが出てくるのが下まぶたですね。

皮膚が薄いということは、代謝効率もよくないので、色素沈着が進んでシミができてしまうと「美容断食」どころか「美容医療」でもとることは不可能だと思います。

最近のメイクでは、下まぶたにアイシャドウを入れるのが一般的になっています。たしかにウルウルとした目元メイクは可愛らしいのですが、私はハラハラしながら見てしまいます。

色を入れることで紫外線を集めるうえに、メイクを落とすときにはクレンジングでこすらなければなりません。それを続けていると、いつかとり返しのつかないことになるかも……。

こんな理由で、「美容断食」では「下まぶたは触るべからず」にしています。どうぞお忘れなく！

56 若々しく見せるのは桜色のアイシャドウ上まぶた全体に広げて

濃い色のアイシャドウは、紫外線を集めるという理由で避けたほうがいいとお話ししました。でも、濃い色がNGという理由はそれだけでなく、濃い色、特にダークな色のアイシャドウというのは、ちょっと疲れて見えたり、老けて見えたりしてしまうのです。

特に40代以降になると、若い頃より顔に陰影が増えてくるせいか、濃い色を使ってメイクをすると、かえってやつれて見えたり、険《けわ》しい顔に見えたりしますよね。身に覚えはありませんか？

そこで私のイチ押しが明るい桜色のアイシャドウです。チップにとって、アイホール全体に伸ばしていきましょう。目元が明るめに仕上がり、肌にほんのりとした色みがのることで、健康的に見せてくれます。

ひと口に桜色といっても、いろいろな種類のカラーがあります。自分に似合う薄めピンクのカラーを見つけて、明るい目元を楽しみましょう。ただしツヤ感や光沢の強いものは目のシワやたるみなどのアラが目立つので避けてくださいね。

チップを使って、上まぶたのキワから眉下のくぼみまで、アイホール全体に淡い桜色のアイシャドウをぬる。目元が明るく、ナチュラルな雰囲気の仕上がりに。目元の引き締めには濃いアイシャドウは加えず、アイラインを引くことにしましょう。

57 年々小さくなる目には黒のやわらかいアイペンシルでキワを引き締めて

黒のアイラインを太く入れると老けて見えてしまうので、必ず細く入れて。まつ毛の少し上、目のキワぎりぎりに細く入れ、目尻は2、3mm長めに引いてください。目元が引き締まります。上まつ毛の内側からまつ毛とまつ毛の隙間に埋め込む描き方は、メイクの粉が目に入って、目の粘膜を傷つけるので大変なことに。絶対やめましょう。

私は今63歳ですが、年ごとに目が小さくなるなあと感じます。だから、仕事のときや人と会うときなどは必ずアイラインを入れて、目の存在感をアピールします。

色は黒を使います。ここまでお読みいただいてお気づきのように「美容断食」流メイクは、全体的に薄めのトーンなので、ブラウンやグレーでは今ひとつ締まりません。メリハリのある印象にするためにも黒を使います。

リキッドのアイライナーでは黒の印象が強すぎるのに加え、密着性が高くてクレンジングが落ちにくいタイプもあるので大変です。

私のおすすめはペンシルタイプです。中でも、摩擦がなく、するすると滑らかに描けるものを選んでください。

ペンシルは使用感がやわらかくて描きやすいし、黒でも強すぎない印象に仕上がります。石けん洗顔で落ちるものもあるので、そういうものを選べば肌にやさしいですね。

アイラインの引き方は右ページをご覧ください。

58
眉には「薄メイク」に合うブラウン系のアイブロウパウダーを

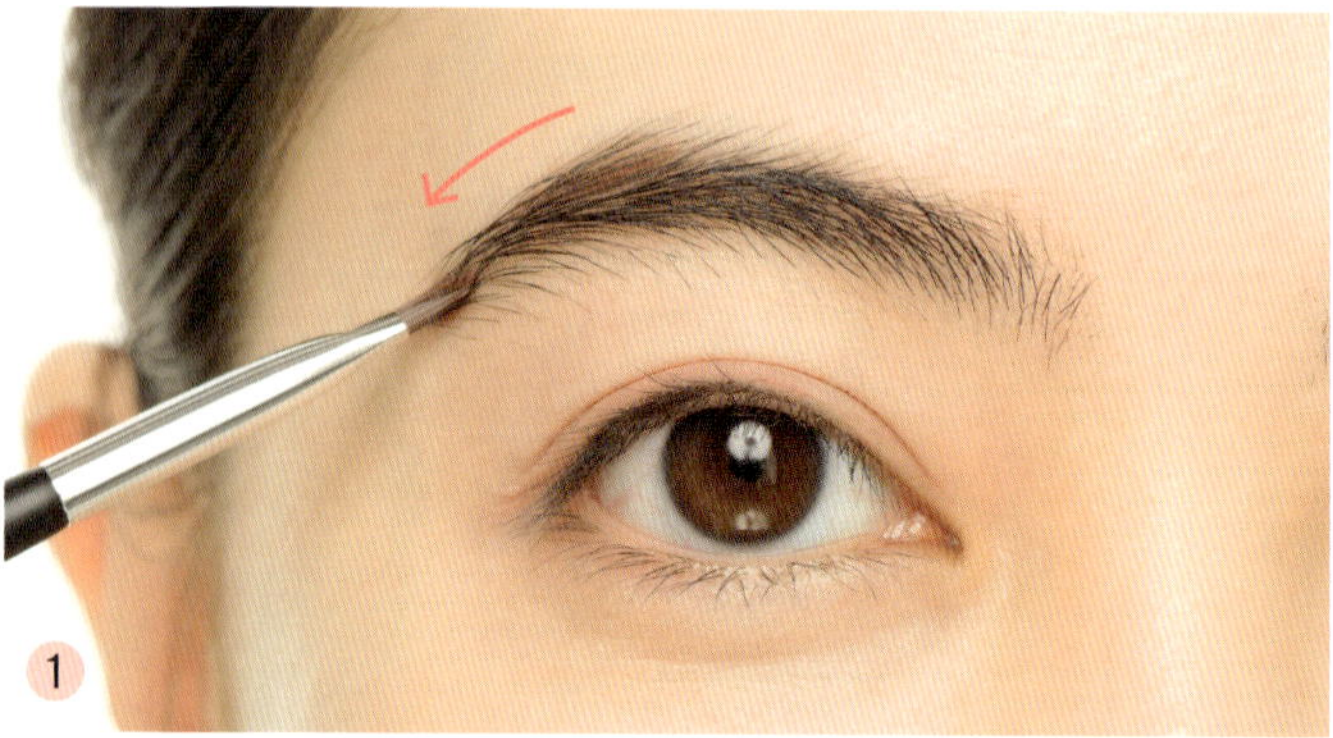

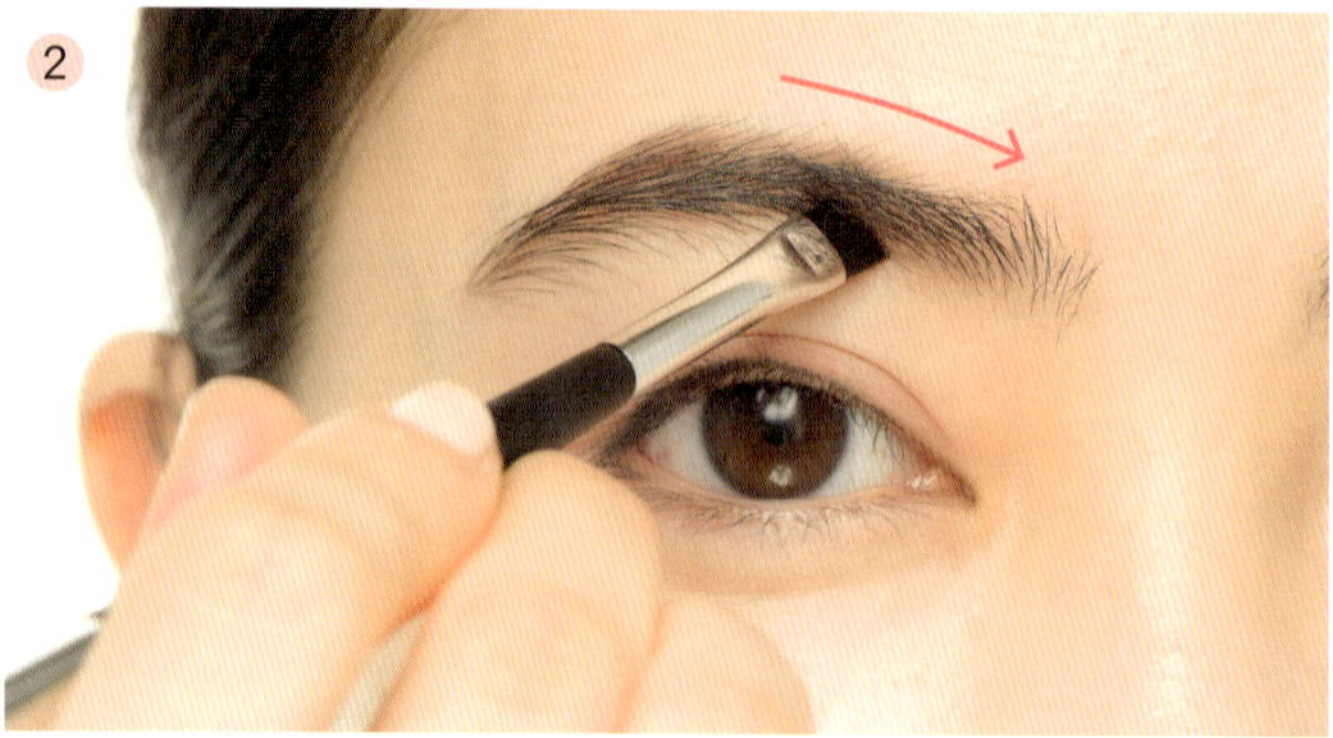

ナチュラルに仕上げるため、アイブロウパウダーをブラシにとったら、必ず手の甲で少し粉を落として。まず、眉山から眉尻にかけて（①）、一番濃い色のパウダーを使って描いていき、その後、それより明るい色のパウダーで眉山から眉頭に向けて（②）描いていきます。「描きました感」のある眉にしないことがポイントです。

メイクの中でも重要なポイントは、実は眉なのではないでしょうか。眉が整えられていると、薄づきでもきちんとメイクをしている印象を与えることができます。

その眉メイクに必要なアイブロウですが、ペンシルやパウダー、リキッド、ジェルなど、いろいろな種類がありますよね。「美容断食」の目線で見ると、肌への摩擦が弱く、密着度も低く、肌に優しくて一番おすすめなのは「アイブロウパウダー」です。アイブロウブラシを使って眉に粉をのせる描き方は、眉の輪郭もふんわりとするので、「美容断食」流「薄メイク」とも相性がよいのです。

色は黒い眉ではちょっと印象が強すぎます。肌になじみやすいブラウン系を選ぶといいでしょう。私が愛用しているのは、ダークブラウンとそれより明るめのブラウンの2色が入っているパレット。この2色さえあれば困りません。同じブラウンでも人によって相性のよい色は違います。ピンクブラウンやライトブラウン、グレイッシュブラウンなど、あなたに合うブラウンを探してみてくださいね。

59

化粧直しはシンプルな成分表示のスプレータイプの化粧水を！つけるだけで簡単に復活

ここまで、「美容断食」の薄づきメイクの方法をお話ししてきました。ここで、もう1つ大事なことがあります。化粧直しです。

「薄づきだからメイクがすぐに落ちそう」と、また上からぬり直したのでは、薄づきにした意味がありません。

それに朝、洗顔してから時間がたっている肌の上にぬり直すと、汚れや雑菌も毛穴に押し込めることになりますよね。それは化粧を直すというよりも、肌を汚していると言ったほうが正しいのでは？

そもそも化粧くずれというのは、水分が落ちている状態なのです。だから、ファンデーションをぬり直すよりも、上からスプレータイプの化粧水で吹きつけて押さえれば復活します。

ちなみに、私は化粧直しの際には、水とハチミツのみでつくったサロンオリジナルの化粧水を使っていますが、シンプルな成分表示の化粧水であれば、何を使ってもＯＫです。

60

ルージュは美容液入りのオーガニックなものを

ベースメイクからアイメイク、眉もメイクしたら、あとはルージュで完成です。これもやはり濃い色は避けて、ベージュやピンクなどの淡い色を選んでください。口に入りやすいので、オーガニックタイプのものだとなおいいですね。

何より重要なのは、乾燥対策。唇は角質層が薄く、皮脂腺も汗腺もありません。だからちょっと空気が乾燥すると、すぐにカサカサになったり、割れて出血してしまったりするんです。

湿度が低くなる秋や冬はもちろんですが、今は夏でもエアコンを1日中つけている場所が多く、実は乾燥しやすくなっています。美容液入りの保湿メインのルージュなら、季節を問わず唇のお手入れをしながらメイクできるので、便利ですよ。

1本5000円以上のルージュなら、良い油を使っているので安心でしょう。唇の皮もむけたりしないはず。あまり安価なものは避けたほうがいいでしょう。もちろん、安くてもよいものがあるでしょうが、唇が荒れたりしてしまったらNGです。

Chapter 5

BEST FOODS FOR SKIN

肌にベストな食べ物

“将来も
健康美肌で
いるために食からも
「美容断食」を”

61 朝から肌がくすんで見える人は体内に問題がある証拠

朝は1日で最も肌が健康な時間帯。寝ている間に新陳代謝が行われ、再生・修復された肌は適度に潤ってツヤツヤ、色も明るく見えるはずです。でも、もし「私はなんだか朝から肌がくすんでいるように見えるけど？」という場合は注意してください。それは肌の問題ではなく、体内に問題があると考えられます。

その原因というのは「糖化」です。ちょっと耳慣れない言葉かもしれませんね。

糖化を表す例によく使われるのがホットケーキです。小麦粉や砂糖（糖質）、卵（タンパク質）を混ぜて高熱で焼くとこんがりキツネ色に焼き上がります。この焼き上がる反応が糖化です。それが体の中で起こっているのです。

糖は脳や筋肉など、私たちの体を動かすためのエネルギー源になる重要な栄養素ですから、毎日とり込まなければなりません。でも40代以降になると基礎代謝が落ちるため、エネルギーが消費しきれず、体に糖がたまってしまいます。それが、体内のタンパク質や脂質と結びついて体の熱によって焦げつき、糖化します。

問題は、その過程で「ＡＧＥ」（終末糖化産物）という物質ができること。なんだか怖い名前ですが、実際、ＡＧＥは強い毒性を持ち、老化を引き起こすという恐ろしい物質なんです。

ＡＧＥがたくさんつくられて体内に蓄積していくと老化が進み、高血圧や糖尿病などの生活習慣病やがん、認知症、骨《こつ》粗《そ》鬆《しょう》症《しょう》の原因にもなります。

肌のくすみも同じです。ＡＧＥが肌に蓄積すると、肌が黄ばみ、くすんで見えるようになるのです。

ちなみに、朝は大丈夫なのに夕方からくすみがひどくなるという場合は、化粧品の問題です。油分の多い化粧品が、毛穴につまって酸化することでくすんでしまうのですね。「美容断食」をすれば、こうしたくすみは改善されますのでご安心ください。

62

肌の「糖化」はシミやシワ、たるみを招く

ＡＧＥ（終末糖化産物）が肌に与える影響は、前のページでお話ししたくすみだけではありません。肌の弾力を支えるコラーゲンなどの組織が、糖化によって劣化し、シワやたるみのもとになります。水分が守られずに蒸発してしまうので、乾燥も起こります。

それからシミ。ＡＧＥが肌にたまると、新陳代謝がうまくいかず、メラニン色素が外に排出されなくなって表皮に残ってしまい、シミが増えてくるのです。

さらに、頭皮も同じ皮膚ですから、頭皮内の組織が糖化すれば白髪、抜け毛が増えたり、髪にツヤやコシがなくなったりします。

ここまでお話しすると、美肌を目指す私たちにとって、ＡＧＥがいかに恐ろしいものか、わかりますよね。肌の糖化を防ぐには、体の中に余分な糖をためないようにしてＡＧＥがつくられないようにするしかありません。そのためには糖質をとり過ぎないことが一番。パンやご飯などの炭水化物の食べ過ぎに注意です。

また、ＡＧＥは「血糖値」が上昇すると多くつくられます。食事

面で次のことに注意して、血糖値の上昇を抑えていきましょう。

・食事は「腹八分目」でストップする
・ドカ食いのもとになる「早食い」はしない
・血糖値が上昇しやすい「甘い物」は避ける
・「食後30分〜1時間」は軽く体を動かす（家なら掃除や片づけなどの家事を、会社なら階段の昇り降りや早足歩きなどをしてみて）
・血糖値の上昇を抑える「調理法」や「食べる順番」に変える（調理法や食べる順番については、後ほどくわしくお話しします）

食事面以外では、夜型生活も要注意です。体内の睡眠ホルモン「メラトニン」が不足すると、ＡＧＥが分解されず増えてたまりやすくなるといいます。メラトニンは日が暮れて暗くなると自然に分泌され、睡眠に導く働きがあります。夜遅くまでスマホやテレビ、明るい照明など、強い光を浴びているとメラトニンの分泌が抑制されてしまいます。ＡＧＥをなくすためにも、就寝時間が近くなったら照明を落として、目をリラックスさせましょうね。

63

40代からの無理なダイエットは肌の老化を加速させる

40代になると代謝が落ち、肌のくすみ以外にも、背中やお腹に肉がつきやすくなって徐々に体型が変化し始めます。「これは大変」と、食事を抜いてみたり、1つの食べ物しか食べないというようなダイエットをしてみたり。でも、代謝が落ちているから以前のようにはすぐにやせてくれませんよね。

こんなダイエットでは、たとえ無理してやせられても、リバウンドするのは目に見えています。極端なダイエットは、言い方を変えれば栄養失調です。栄養が足りなければ、肌もツヤをなくして、シミやシワも増えていくでしょう。

特に40代以降は急激にやせることで、肌がたるんでシワができ、かえって老化を進ませることになります。

健康に害がない限りは、無理なダイエットは禁物。食べ物を抜くよりも、これからご紹介する食べ方に変えたほうが、肌にも体にもずっと効果的です。それに、40代以降は多少脂肪がついているほうが、肌にハリが出て断然きれいに見えますよ。

64

揚げ物好きな人は顔が茶色に！「揚げる」「炒める」より「蒸す」「煮る」ほうが肌にいい

私の知人に「揚げ物大好き！」な人がいます。あまりに揚げ物をたくさん食べるので、そのうち顔が茶色く変色してしまいました。なんだかうそみたいな話ですよね？　でもこれ本当のことなんです。

老化を進めるＡＧＥ（終末糖化産物）は体内で作られる以外にも「ＡＧＥを多く含んだ食品」を食べることでも体内に蓄積されます。

食品のＡＧＥは肉でも魚でも卵でも野菜でも、高温で調理すればするほど増えていきます。焼いたり、炒めたり、揚げたりして、おいしそうな焦げ目がついて、キツネ色の焼き色をした食べ物に限ってＡＧＥが多く、たくさん食べると糖化が起こり、老化が進むことになってしまうというわけです。悲しいことですが、これが現実。

同じ食品でも、高温調理ではなく生のまま、煮る、ゆでる、蒸すなどすればＡＧＥは低く抑えられます。

肉ならステーキや焼肉、フライではなく、しゃぶしゃぶや水炊き、蒸し肉などならＯＫ。揚げ物好きの方も、今日から調理法を見直して、糖化を防ぐ食生活を目指しましょう。

65

魚をよく食べる人は肌もきれい

私のサロンに60代のお客様で、長年、多くの方の肌に触れてきた私が見ても羨ましいような美肌の持ち主がいらっしゃいます。お肌がプルンとしていてハリがあり、くすみもまったくないのです。いったいどんな食生活をしているか気になって聞いてみたところ、魚が大好きで、よく食べているとのことでした。

もともと魚は肉と違って生でも食べられるので、高温の調理法から生まれるAGEも抑えることができます。だから肌の老化が抑えられたのですね。

ただし、魚の油である不飽和脂肪酸は酸化が早いので鮮度に注意。酸化した油をたくさんとると、体内で活性酸素がたくさんつくられて体も酸化し、肌の老化を早めることになります。

そのお客様はというと、やはりというか、できるだけ新鮮なお魚を食べているとのこと。この方のお話から、同じような食生活は無理だとしても、糖化・酸化しないものを選んで食べることがいかに大切かを実感したのです。

66

肉を「手のひら」サイズ分とったら野菜は「両手のひら」サイズ分とって

潤いのある肌をつくるには、良質のタンパク質をとることが一番。お魚はもちろんですが、おすすめはお肉。タンパク質のほかにも鉄やビタミンB群、コラーゲンなど、肌によい栄養が含まれています。

だからといって、肉ばかり食べるのではなく、魚も交互に食べて良質なタンパク質を摂取するのがいいでしょう。肉をとり過ぎると、脂質過剰で血管の弾力性が失われたり、悪玉菌の増加で腸内環境が悪化したり、生活習慣病のリスクを高めることも。

タンパク質をとり過ぎないようにするには1食あたり手のひらサイズの大きさ、厚みの量に抑えておくとよいとよくいわれていますが、私は、24㎝くらいの平皿の半分に肉料理を軽めに置き、残り半分に野菜をたっぷり盛りつけて食べています。

野菜には腸内の善玉菌を増やす食物繊維が豊富に入っていますからね。植物繊維には糖や脂、塩などのナトリウムを吸着して体外に排出してくれる働きもあるとか。生でも加熱しても食物繊維はとることができるので、たくさん食べてください。

肉や魚などのタンパク質をとるときは、メインディッシュ用の平皿（24cmくらい）の半分に軽く入れるくらいが適量。あとの半分には食物繊維が豊富な野菜をたっぷりとのせて。

67
「まごわやさしい」日本古来のよいものを食べる

「まごわやさしい」、この言葉、耳にしたことはありませんか。これは主に和食の素材となる食物の頭文字をとったもの。

ま「まめ（大豆、納豆、豆腐、味噌など）」
ご「ごま（胡麻、ナッツ類、栗など）」
わ「わかめ（ひじき、もずく、昆布などの海藻類）」
や「やさい（野菜）」
さ「さかな（魚や貝、海老などの魚介類）」
し「しいたけ（きのこ類）」
い「いも（さつまいも、じゃがいも、里芋など芋類）」

偏《かたよ》りなくバランスのよい食事をするために、毎日の食事に取り入れたい食物をわかりやすく伝えようと考えられた合言葉だそうです。
魚や肉で質の良いタンパク質と繊維豊富な野菜をとりましょうとお話ししてきましたが、そうするとそればかり食べていればいいと思われる方もいらっしゃいます。でも、やはり食事はバランスが大事。そして、どんなものを食べるかということも重要です。

そもそも食物は、生まれ育った地でとれたものを食べることが基本という考え方があります。そして土地に根づいた食材を通して、そこに住んできた人たちの体、腸の長さや酵素などが決まるといわれています。この「まごわやさしい」の食物は、どれも古くから日本人が食べ続けてきたものばかりですね。

20~30代は肉中心の欧米型の食事でも、40代になると、和食志向になっていく傾向があります。それはやはり、日本人の体に適応しているのは日本の食物だということの表れなのかなと感じています。

体に合ったものを食べることで、栄養が効率よく消化・吸収されていく。これは美肌をつくるうえでの基本であり、最も重要なこと。

これからは献立に「まごわやさしい」を取り入れてみてくださいね。

68

朝は必ず味噌汁を飲むようにしています

朝食のときに、私が必ず飲むのが味噌汁です。

朝はいつも忙しく、時間がないことが多いので量はそれほど食べませんが、朝食は必ずとっています。

お米のご飯のときが多いですが、ときにはパンを食べることもあります。でも汁物は必ず味噌汁と決めています。なぜなら、味噌は発酵食品。酵素がたっぷり含まれているからです。

酵素には消化を助けて栄養の吸収率を上げたり、代謝を高めたり、血液の循環をスムーズにする働きがあります。

ところが悲しいことに40歳過ぎになると、体内でつくられる酵素は徐々に減ってきてしまいます。酵素不足になると、食事が食べられなくなり、しっかり栄養がとれません。

肌の新陳代謝も滞るのでシミやくすみにもつながります。だから酵素不足を少しずつ食べ物で補う必要があるというわけです。

69

パンより断然お米派！お昼のお弁当は「玄米おにぎり」が大活躍

主食にパンとお米、どちらを食べるかと聞かれたら、私は断然お米派です。朝も昼も基本はお米。昼は食事に出かける予定がないかぎりは、自宅でつくってきたおにぎりがお昼ご飯です。ただしご飯といっても白米ではありません。玄米のおにぎりです。

それは、白米だと血糖値がすぐに上がりやすいから。体にAGE（終末糖化産物）ができやすいのは食後の血糖値が上がる30分～1時間なので、血糖値がすぐに上昇すると、それだけ肌の糖化も進んでしまいます。対して玄米は、糠の部分に食物繊維を多く含んでいて消化されにくいため、食後の血糖値の上昇が緩《ゆる》やか。食物繊維やミネラルなどが多く栄養価が高いのも玄米を選ぶ理由の1つです。

ただし、玄米は糠部分に農薬が残留しやすいので、「無農薬」の玄米を選んでください。玄米が苦手な人は玄米から糠や胚芽を一部削りとった「分づき米」から始めてみるといいでしょう。

パン派の方は、ふすまや胚芽などを多く含む全粒粉のものが玄米と同様に血糖値が上がりにくいので選ぶときの参考にしてください。

70

糖化しやすい40～50代は毎日夜だけ「糖質断食」を

40歳を過ぎると体の「糖化」は免れません。糖化からくる肌のシミやシワ、たるみを防ぐためには食事の糖質制限が必要です。

ただし、脳や体をしっかり働かせるためには、糖は絶対に必要。糖質をすべてカットすることはかえって肌の老化を早めてしまうことになります。

そこでおすすめなのが「夜だけの糖質断食」。朝と昼はご飯を食べ、夜だけなしにする、野菜や肉、魚などはちゃんと食べるのです。

私も40代で夜だけの糖質断食を始めました。スタートしたばかりのときには、夕食の糖質をカットしただけで、4か月で2kg体重が減少し、むくみなどの肌トラブルも解消しました。糖質はとりませんが、その分、野菜や肉、魚などをしっかり食べるので、物足りなさを感じることなく、無理なく続けられますよ。

ちなみに、60代以降は糖質断食はおすすめできません。私も60代に入ってからは夜でもほんの少量ご飯を食べるようになりました。理由は150ページにくわしくありますのでご覧ください。

朝

茶碗に軽く1杯のご飯。またはパンを1個程度。わかめや野菜が入った味噌汁も一緒に。お米は朝、昼とも私は玄米ですが、白米でもOK。自分のできる範囲でやりましょう。

昼

ご飯を茶碗にたっぷり1杯。おかずは肉、魚のタンパク質、野菜などを彩り豊かに食べて。

夜

ご飯はなし。その分、野菜、魚、肉をたっぷりととって。きのこや根菜、海藻類なども入れてバランスよく。

71

20～30代は月に1回、野菜ジュースのみの「断食」でデトックス

「糖質断食でやせられるなら、試してみようかな」と思われた方、もしあなたが20～30代なら、悪いことは言いません。やめておきましょう。代謝が活発な20～30代は、活動するためのエネルギーとして糖質が絶対に必要です。

20～30代でやるべきなのは、体内にたまった有害毒物を排出させる「デトックス」。月に1回「断食日」をつくり、日頃よく働いている体や腸も休ませてあげましょう。

断食は、前夜の食事から消化のよい野菜スープなどにして準備をしておき、断食当日は1日3回の食事を野菜ジュースに置き換えます。翌日はお粥と味噌汁で、だんだんと通常モードへ切り替えていきます。この3日間は野菜がメインで、脂っぽい肉などは食べないようにしましょう。

断食日は「排出」の時期である満月または新月の日に設定すると、デトックスの効果がアップするといわれています。忙しい方でも1日だけならやりやすいはず。ぜひ試してみてはいかがでしょう。

前夜

断食をする日の前の晩は、炭水化物を控え、「野菜スープ」や「豆腐」などやわらかい食べ物に。急に断食に入るよりも、前の晩から徐々に断食モードに入っていくようにすると体に負担がかからない。

断食日

断食当日は1日3食をすべて「野菜ジュース」に。朝がトマトジュースなら昼は人参ジュースというように変化をつけて。1回300ml、市販のもので大丈夫。無塩のものを選びましょう。食事の間には適度に水分補給を。

翌日

断食が終わった翌日は、3食「白米のお粥と味噌汁」で徐々に通常モードに。朝は米粒の形がないくらいやわらかいお粥に、昼は少し米粒の形を残して、徐々にかたくしていきます。トッピングにはごまやかつお節などを。味噌汁は朝だけ具無し、昼からはわかめなどの具を加えて。夜は副菜（なすなどの野菜の煮物）を1品加えましょう。

72

糖質オフは60代になったら肌の大敵に

146ページでお話ししたように、私は40代から、夜だけ糖質断食をしていました。でも、今はときどき、少量ですが、夜も炭水化物をとるようになりました。食べているのは玄米ご飯です。

60代になって代謝がぐんと落ちてくると、やはりだんだん体に脂肪がついてきます。そのためダイエットとして糖質制限をやってみようかと考える方も多いようですね。

でも糖質制限は、40～50代にはいいのですが、60代になると肌には悪い影響のほうが大きいので、あまり積極的におすすめできないというのが正直なところです。

それはなぜかというと、もともと糖質は、脳や筋肉のエネルギー源になる栄養素です。ダイエットのためにと糖質制限をして脂肪を燃やそうとすると、糖質がない分、タンパク質まで一緒に燃えてしまいます。するとタンパク質からつくられる筋肉も減少し、基礎代謝が落ちてしまうのです。

代謝が落ちることで、かえって肌の糖化が進み、さらにタンパク質は骨や血を作る栄養素でもあるので、不足することで骨粗鬆症や肌荒れ、くすみを招き、改善しにくくなります。

たとえやせられたとしても、筋肉が落ちてたるみが目立ち、肌もシワっぽくなるでしょう。

「じゃあタンパク質をたくさんとればいいのでは?」と思うかもしれませんが、60代になると体内でつくられる消化酵素が減るので、タンパク質の消化が体の負担になり、吸収力も落ちてきます。栄養不足の状態は変わらないのです。

ですから60代になったら、糖質を減らすよりも、必要な分の糖質をちゃんととって、バランスよい食生活を送ることが重要です。

73

肌の「糖化」は「食べる順番」を変えて食い止めて

肌の糖化を防ぐ大きなポイント、もう1つは「食べる順番」です。体にAGE（終末糖化産物）が生まれやすいのは、食後の血糖値が上がる30分～1時間の間。血糖値が上がるものを先に食べてしまうと、それだけ多くのAGEがつくられるということ。その分、肌の糖化も進んでしまいます。食事のときには、血糖値の上がりにくいものから順番に食べていきましょう。「食べる順番」は次の通り。

①生野菜や海藻類
②スープまたは味噌汁
③緑黄色野菜
④根菜
⑤きのこ類
⑥タンパク質（肉や魚、卵、大豆・大豆製品、乳・乳製品）
⑦炭水化物（ご飯やパン、麺など）

最初はミネラルの多い生野菜や海藻類、両手のひらいっぱいぐらいとりたいですね。次に温かな野菜などのスープや味噌汁を飲むことで胃腸も温まります。1番目の海藻類や3番目の緑黄色野菜と兼ねて具だくさんな汁物にしてもいいでしょう。

3番目の緑黄色野菜は煮たり蒸したりして小鉢1杯以上の量を食べましょう。血糖値の上昇を抑えながらお腹を満たしてくれます。

さらに食物繊維の多い根菜・きのこ類と食べ進めた後は、メインディッシュのタンパク質。肉、魚なら1食につき手のひら分くらいとりましょう。

締めは、最も血糖値が上がりやすいご飯やパン、麺などの炭水化物。ご飯なら、小さめのお茶碗で1杯程度にしておきましょう。

ちなみに、サツマイモやじゃがいもなどの芋類は糖質が多めなので、この締めに食べるのをおすすめしますが、煮物などのおかずに入るのなら、3、4番目あたりで食べても大丈夫です。

食べる順番はフレンチのコース料理に似ていますよね。家で実行するだけじゃなく、外食で居酒屋などに行ったときでも、この順番でオーダーしていけばいいので、「食べる順番」ぜひ覚えてください。

74

小麦で太る人、芋で太る人、太る原因は人それぞれ自分の「弱点」の食材を知る

これを食べるとなぜか私は太りやすいという「危ない」食物ってありませんか？

例えば、同じ炭水化物でもお米よりもパンのほうが太りやすいという人もいれば、それより私はお芋という人もいたりしますね。甘いものを食べてもあまり太らないけど、チョコレートだけは、ちょっと食べただけでダメという人もいます。

私の場合は、鍋物やカレーライス。食べた後、必ず体重が増えるんです。原因は、おそらく塩分だろうと目星をつけています。カレーライスはもともと塩分が高いし、鍋のときはポン酢をたくさんつけて食べてしまっています。

太りやすい食べ物ということは、その人の体質的に消化できない、排出しにくい、相性の悪いものともいえます。たくさん食べると体の負担にもなるので、できるだけ避けたほうがいいでしょう。

75

差がない人は危険？ 1日2回の体重測定で代謝をチェックしてみて

毎日自分の体重を測っている方、どれくらいいらっしゃるでしょう。体重を測ることは自分のコンディションを知ることでもあるので、ぜひ習慣づけたいところ。

測る回数も1日1回ではなく、最低2回、起床時と就寝前に測ってみてください。前日の晩と翌日の起床時でどれくらい差があるでしょうか？　1kg以上差がある方は20代の体です。あるいはたくさん食べる人かも（笑）。

どういうことかというと、20代の頃は、寝ている間に食べたものを代謝できるので、夕食後に1kg増えても翌日には元に戻るんです。30、40代くらいまでは、まだ1kgくらいは代謝することができるでしょう。

でも年齢を重ねると、だんだん代謝は下がってきて、50～60代になると食後に1kg増えたら500gくらいしか戻りません。代謝しきれなかった分はというと、どんどん体に蓄積されていきます。だから50代になったら、くれぐれも夜の食べ過ぎにはご注意を。

76

夜のフルーツはりんご 便通が良く肌にも二重丸

日本人は最近、フルーツを食べなくなっているそうです。最近も厚生労働省が1日200gの果物を食べることを推奨するようになりました。ビタミンが豊富で、美容への効果も高いので、積極的に食べたいですね。

私のお気に入りのフルーツはりんごです。夜にりんごを食べると、てきめんにお通じがよくなるんです。

りんごは美白効果のあるビタミンCはもちろん、食物繊維のペクチンも豊富。便通を整えて腸内細菌を整える作用があります。抗酸化作用のあるポリフェノールや、塩分の排出を助けて肌のむくみをとるカリウムもたくさん含まれています。

何よりもうれしいのは、果物の中でも血糖値が上がりにくいので、糖化予防にぴったりなこと。夜の食後のデザートにはりんご、断然おすすめです！

77

お酒はほどほどに！ホルモンが乱れて、肌荒れのもと

食事の前の1杯、お酒好きの人にとっては至福の時間ですね。もっとも私は、お酒はまったく飲めないので実感できないのですが。とはいえ、お酒はほどほどにしておいたほうがよさそうです。実はここ数年、男性に比べて女性はアルコールのダメージを受けやすいという研究の結果が出ているからです。

女性は男性より小柄で水分量が少なく、代謝能力も低いうえ、お酒の量や体重が同じでも血中のアルコールの濃度は男性よりも高くなるそうです。

また、お酒を適量以上飲む習慣を続けると、女性ホルモンの分泌に影響が出て、生理周期の乱れなどが起きるという報告もあるほど。女性ホルモンの乱れは、当然、肌トラブルにもつながります。

お酒の飲み過ぎで最も心配なのは、やはり肝臓へのダメージ。肝臓の不調はくすみやクマなど、肌に直結するからです。

「私はお酒に強いから大丈夫！」と自信のある方でも、これからはちょっと控えめにしたほうがいいかもしれませんね。

Chapter

6

MENOPAUSAL SKIN CARE

更年期のスキンケア

“閉経前後で
劇的に変化する
更年期の肌ケアは
「美容断食」”

78

40代以降は空気を吸っても太る!? 肌にも変化が……

「なんだかこの頃、太ったみたい。前と食べる量は変わっていないはずなのに……」

「食事をセーブしても、下腹の肉がなかなかとれなくなった！」

これ、40代以降の女性たちからよく聞かれる声です。

40代から先は、いっぱい食べなくても太るようになってきます。

それはなぜでしょうか？

原因の1つは、加齢により、筋肉量が年々減るからです。

筋肉が減ると、1日に消費するカロリーが減ります。そして、余ったエネルギーが体脂肪としてたまることになります。何もしなくても太る、というのは、決して気のせいではないんですね。

もう1つの原因は女性ホルモンです。

40代は、個人差はありますが、更年期に当たる時期です。更年期は卵巣機能の低下により、女性ホルモンのエストロゲンの分泌が急激に減ります。

エストロゲンには中性脂肪の消費を促す働きがあるので、それが減るということは、体脂肪がたまりやすくなって太りやすくなるということです。

さらに、筋肉量やエストロゲンの減少は、体重だけでなく、肌にも大きな影響を与えています。

どんな影響があるかは、くわしくは次からお話ししますが、40代、つまり更年期を迎える頃から肌は徐々に変化し始め、閉経前後で劇的に変わります。ひとことで言えば、肌が衰えてくるのです。

だからといって、あせってあらゆる化粧品を重ねてスキンケアをする必要はありません。それがかえって老化を進めてしまうのは、これまでお話ししてきた通り。

衰えを実感し始めたときこそ、肌の力を上げる「美容断食」の出番なのです。

79

閉経前後で体だけでなく肌にも劇的な変化が起きる

更年期というのは閉経前後の5年間、計10年間を指すのですが、その期間、個人差はありますが、女性ホルモンの減少によって、私たちの体や心にさまざまな不調が現れます。

頭痛やめまい、動悸、むくみといった体の症状のほか、不眠、イライラ、気持ちが沈むなど、精神的な症状が出ることもあり、実に様々。体型の変化もその1つです。また、突然顔がほてって、汗が大量に出てくるホットフラッシュなどを経験されている方も多いのでは？

肌にも様々な変化が現れます。女性ホルモンのエストロゲンは、肌のハリやみずみずしさをキープする働きがありますが、更年期になって卵巣機能が低下し、エストロゲンの分泌が減ってしまうと、肌は乾燥し、シワが増えてきます。

おまけに顔の筋肉量が減ってしまうため、たるみも目立つようになります。

まだあります。エストロゲンの減少は、メラニン色素を活性化します。すると、当然シミも増えてくるわけです。

いかがでしょう。これから更年期を迎えるという方にとっては、ちょっとこわいお話だったかも？

私が「美容断食」を始めたのは46歳のときでした。たるみやシワなどの悩みを抱えていました。44歳と比較的早く閉経を迎えたのですが、肌の不調を自覚するようになったのは、まさに更年期だったのです。

でも、「美容断食」という美容法を17年間実践してきたことで、シミやシワもほとんどなく、23ページでお話ししたように肌の水分量も高い数値をキープできています。

50代を経て、今60代になり、「美容断食」に加えてこれからご紹介するような多少のケアは必要になりましたが、肌の老化スピードを遅らせることができているようです。

「美容断食」があれば、更年期、恐るるに足らず！　皆さんも自信を持って「美容断食」を続けていってください。

80

オーバーリップ気味にルージュをぬるようになったら気をつけて

毎日メイクするたびに無意識にぬっている口紅、鏡をよく見て確認してみてください。今までのようにぬっていたら、リップラインからはみ出していたとしたら、顔が老化してきた証拠です。

更年期によって肌が変化すると、顔の見た目も変わってきます。若いうちは全体が立体的で、顔の中心が高くなっています。でも年齢が高くなるほど顔は平たくなり、若い頃に比べて角ばって大きく見えるようになります。目の間隔は離れ、鼻の下が長くなり、その分、あごは短くなってきます。唇の形も薄く横長に変わります。

この原因は、顔の筋肉量の低下だけでなく、その顔のベースとなる頭蓋骨の骨密度が女性ホルモンのエストロゲンの減少で低下し、骨自体が縮んでいくせいだといわれています。頭蓋骨が縮めば、当然その上にのっている筋肉や皮下脂肪、皮膚もたるんだり、へこんだりしてしまいますよね。こうした顔の老化を完全に止めるのは、今のアンチエイジング技術では難しいこと。でも、食事や睡眠を見直すことで老化速度に歯止めをかけることは可能なのです。

81

眉が上がらなくなってきたら肌老化のサイン

更年期から始まる人もいるかもしれませんが、「60代になると、肌が動かなくなるなあ」というのが今の私の実感です。

どういうことかというと、眉を上げようとしても上がらなくなります。無理に上げるとおでこにシワがよります。若いときは、眉を上げようとすると、おでこや頭皮の筋肉が一緒に上がってくれました。でも60代になるとそれがなかなかできなくなるんです。

これは、加齢や女性ホルモンのエストロゲンの減少のせいで頭皮の乾燥が進み、頭皮がかたくなって、それとひと続きになっている顔の皮膚も硬直してきてしまったからです。

顔の皮膚がかたくなるということは、筋肉もかたくなっているということ。筋肉がかたくなれば、血流やリンパの流れも悪くなる。そうなると、老廃物が溜まり、肌がくすんだりしてきます。

こうなる前に早めのケアが必要です。「美容断食」は表皮のトリートメント。表皮を整えることで肌の中を活性化させますが、それと共にこれから紹介する＋αのお手入れも加えていきましょう。

82

口まわり、目まわりの乾燥がひどくなったら化粧水と美容液の二度づけを

口のまわりと目のまわりはもともと皮膚が薄いため、顔の中でも乾燥しやすい場所ですが、更年期以降は特に乾燥しやすくなることがあります。

「美容断食」では夜は洗顔後、何もつけないのがルールですが、更年期になってあまりにも乾燥がひどい場合は66ページでご説明したように、成分表示のシンプルな化粧水だけはつけることをおすすめしています。

それでも、乾燥が気になる場合は、朝の洗顔後のスキンケアのときに化粧水と美容液を二度づけしてみましょう。

はじめに化粧水を手にとって肌につけてなじませたら、もう一度同じように化粧水をつけます。美容液も同様にして2回つければOKです。肌にしっかり浸透するように、手でおさえてよくなじませるのがポイント。

二度づけをしても乾燥が気になるというときには、次にご紹介するホットタオルパックやコットンパックも試してみてください。

83

更年期の頼れる味方は「ホットタオルパック」自然でやさしくピーリング代わり

更年期のかたくなった肌に一番大切なケアは、68ページでもご紹介したホットタオルです。69ページでは、毛穴のお掃除法としてホットタオルの効果をお伝えしてきましたが、実はそれだけではなく、肌を温めることで血行不良を改善し、古い角質をやわらかくして、剥《は》がれやすくします。薬剤を使って古い角質や汚れを取り除くピーリングと同様の効果が期待できますし、薬剤を使ったケミカルピーリングより肌にやさしくて、更年期の敏感な肌には最適です。

ホットタオルパックは夜、蒸気がたっぷりのバスルームで行うのがベストです。まず、純石けんで日中の顔の汚れをきれいに洗い流します。次にフェイスタオルを38~40℃のお湯に浸して、軽く絞ります。そして湯船に浸かりながら顔に当てましょう。

タオルは呼吸をしやすいよう、鼻の部分を空けて、鼻を囲むようにドーナツ状に巻いて当てるのがポイント。時間は1分間くらいで大丈夫。私はこれを週に2、3回やっていますが、簡単で効果的な自宅エステとして大変おすすめです。ぜひ試してみてください。

38 ～ 40℃のお湯に浸したフェイスタオルを軽く絞ったら、縦に1回折りたたむ。鼻の部分を開けて、顔にぐるりとドーナツ状に巻いて、1分間くらいパック。浴槽に浸かれない日でも、ソファなどにもたれてホットタオルパックを。

84

更年期のかたい肌には
ホットタオルパックの後に
「コットンパック」を

ホットタオルパックをしてもまだ乾燥を感じるときや、肌がかたくなって動きにくいと感じたら、コットンパックがおすすめです。

ホットタオルをした後に、化粧水または精製水（塩素やミネラル、不純物をとり除いた水）をたっぷり含ませたコットンを顔全体に貼りつけましょう。そのまま10分くらい置いたら完了です。あとは何もせずに、いつも通りそのまま寝てください。「美容断食」流で言うと、夜は何もつけないのが普通なので、コットンに含ませる化粧水はなるべく成分表示がシンプルなあっさりとしたものがいいでしょう。精製水でもいいくらいなのですから。

更年期でかたくなった肌は、水も脂も足りていない状態です。夜にホットタオルで肌をやわらかくした後、コットンパックで角質をじんわりとふやかしておくと、次の日の朝、化粧水や美容液、クリームの吸収が上がります。

これを週3回くらい続けると、肌の弾力やうるおいが徐々に回復してくるでしょう。

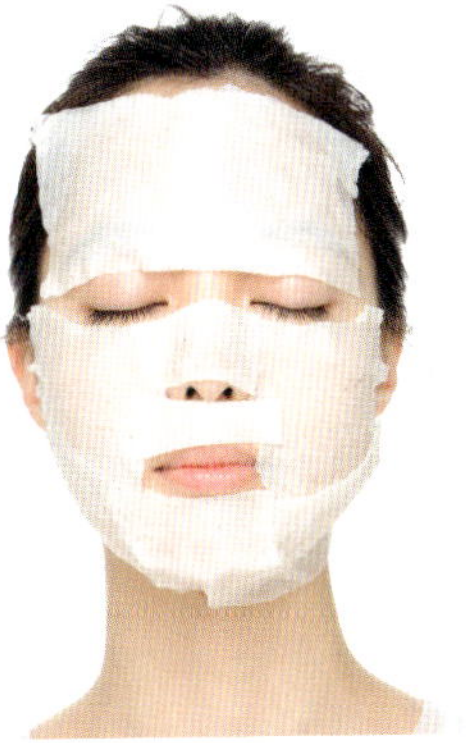

①大きめのコットンと小さめのコットンをそれぞれ2～3枚用意。

②コットンに化粧水か精製水をたっぷり含ませる。

③2～3枚に薄く割く。

④コットンを上写真のように手で伸ばしながら顔に貼りつけていく。

⑤右写真のように、両頬、おでこ、フェイスラインには大きいコットンを、鼻と鼻下、あごには小さいコットンを貼る。

⑥10分間パックする。

85

更年期の顔そりは要注意！ 濃いヒゲやシミを招くもとに

男性ホルモンが優位になる更年期は、毛深くなって、口のまわりにヒゲのような太い毛が何本か生えてくるなど、顔のうぶ毛も目立つようになります。

でも、気になるからといって毎日シェーバーで剃《そ》ったりしてはいけません。なぜなら、シェーバーでのお手入れは、表皮の一番表面にある角質層を削《けず》ってしまうからです。角質層が削《そ》ぎ落とされると肌のバリア機能は壊れ、そこに紫外線などを浴びることでメラニン色素が沈着。ただでさえ更年期の肌はターンオーバーが遅くなっているので、たちまちシミになってしまいます。

シェーバーをあてるなら、多くても月に1回程度にとどめましょう。これは眉毛の場合も同様です。そしてシェーバーを使って数日は、紫外線を浴びて日焼けをしないよう、くれぐれも注意してください。

シェーバーがダメなら毛抜きを使えばいいのでは？　と思うかも

しれませんね。たしかに肌は傷めにくいのですが、手で引っ張って抜くことで、肌がたるんだり、人体に有害な細菌などが入ったりする可能性があります。それならむしろ、回数を抑えてシェーバーを使ったほうがいいでしょう。

ところで私はというと、眉毛のお手入れにはシェーバーは使っていません。ハサミで、ちょこちょこと切るだけです。

体毛が濃くなるのは、生理が無くなったあとの5、6年程度の期間で、そのあとは落ち着いてきます。だからあまり気にしないで過ごしてはいかがでしょう。「ちょっとの我慢」ですよ。

86

更年期こそ睡眠をたっぷりとって！そのために16時以降のカフェインは禁物

40歳を過ぎて、寝つきが悪くなってきたとか、なんとなく眠りが浅くなったと感じるようになった方は少なくないと思います。体はもちろん、お肌のためにも、これまで以上に睡眠をとるようにしてくださいね。

更年期以降は、「美容断食」をしていても、お肌の代謝にも時間がかかるようになり、シミやシワ、くすみが増えたり、改善しにくくなったりします。

肌の代謝を活性化させるには、成長ホルモンをしっかり分泌させなければなりません。成長ホルモンが多く分泌されるのは睡眠中。いくつになっても睡眠不足はやっぱり大敵なのです。

また、睡眠不足で成長ホルモンが分泌されないと、骨密度も低下してきます。164ページでもお話ししましたが、骨が縮めば、皮膚もたるんでくるので要注意です。

眠りが浅くなる大きな原因の1つがカフェインです。

夜になっても、コーヒーを飲んでいませんか？　皆さんがよく飲まれる煎茶やほうじ茶、紅茶、烏龍茶などにも意外にカフェインが多く含まれています。もちろん、この中で断然トップでカフェインが多いのはコーヒーなので、コーヒー好きな方には気の毒ですが、夜は睡眠のために我慢が必要です。

まずは一度、夜はカフェイン絶ちをして、白湯やノンカフェインのルイボスティー、麦茶、ハーブティーなどを飲む習慣をつけてみましょう。私は16時以降、カフェインをとらないことにしています。16時から就寝前までは白湯に切り替えていますが、そうするようになってから、かなり深く眠れるようになりました。

いきなりカフェインを抜くと頭痛がすることもあるので、少しずつ飲む量を減らして、カフェイン依存から脱却することをおすすめします。ちなみに、飲む機会は多くないかもしれませんが、コーヒーよりもさらにカフェインが多いのが抹茶、玉露です。どちらもコーヒーほど量を多く飲まないので大丈夫かと思いますが、これらも夜は気をつけてくださいね。

87

美肌の味方「良い睡眠」をとるには厚い「遮《しゃ》光《こう》カーテン」が必要！

お肌の代謝を活性化するには、成長ホルモンが重要とお話ししましたが、その成長ホルモンの分泌を促す働きをするのが、メラトニンというホルモンです。このメラトニン、とても頼もしいホルモンで、強力な抗酸化作用や抗がん作用があり、免疫力を上げる働きを持っています。体内時計に働きかけ、質の良い睡眠へと促す作用もあります。こんなに万能なメラトニンですが、悲しいことに10代をピークにどんどん減り続け、40代以降は極端に減少してしまいます。だからこそ少しでも多くメラトニンを分泌させる必要があるのです。

そのためには、カフェインを避けることのほかに、

・昼は明るい日差しを浴びる
・夜はしっかりと暗くして眠ること

が重要です！

昼、光を浴びることで分泌されるセロトニンという神経伝達物質が、夜は睡眠ホルモンのメラトニンの原料になります。だから昼のセロトニンがきちんと分泌されれば、夜、メラトニンもしっかり分

泌されるというわけです。

メラトニンは、日が沈んで暗くなると自然に分泌されるようになり、夜が深まるほど分泌が活発になります。寝ているとき、少しでも光を感じると分泌が止まってしまうので、真っ暗な環境で眠ることがとても大事です。加齢によって、眼の瞳孔を調整する虹彩《こうさい》の動きが悪くなり、光が眼に入り込むと、とてもまぶしく感じられるようになるので、より気をつけたいところですね。

寝る前にスマホやPCを見るのは、眼に光を取り込むことになるので避けたいのはもちろんのことですが、寝室内の光にも注意です。

カーテンを閉めれば大丈夫と思うかもしれませんが、夜は意外と明るくて、街灯や車のライト、月の光などが入り込んできて、普通のカーテンだと真っ暗にはなりません。光をちゃんと遮断するためには、遮光率99・99％以上の「一級遮光カーテン」や、生地の裏にコーティング加工を施した遮光率100％の「完全遮光カーテン」などの、ホテルにあるような厚いカーテンをおすすめします。

88
更年期になったら、肌のために
ワンサイズ上がっても気にしない

更年期の体型変化は、女性にとっては重大事件。「体についたお肉がとれなくなって、服のサイズが変わっちゃった〜」という声もあちこちから聞こえてきます。

でも私は、そんなに悲観することはないのでは、と思います。ここで一度、下の公式であなたの理想体重を調べてみましょう。

（身長〈cm〉－100）×0・9

これで導き出された数字があなたの理想体重です。それより多いという方も、この数値にプラス5kgの範囲なら問題なし。あなたの体重は理想に比べてどうですか？　意外に余裕という方も多いのではないでしょうか。

ちなみに私は161cm、52kgです。理想の数値は54・9kgですので、これ以上やせようとは思いません。

40代以降のダイエットはとても難しく、特に60代になると、ハードな運動をすればケガをするし、食事コントロールでダイエットをすれば骨と筋肉からやせてしまうのがオチ。筋肉がやせれば、かえって代謝が落ちて体重増加につながりますし、骨がやせれば骨粗鬆症のリスクが高まるうえに、フェイスラインがくずれ、肌のたるみやシワも目立つようになります。年を重ねたら、下手にやせるのは、かえって美容にマイナスだと言っていいでしょう。

むしろ、更年期になったら「脂肪は財産！」。というのも、閉経後、卵巣でつくられなくなった女性ホルモンのエストロゲンが脂肪からつくられるようになるのです。もちろん、その量は決して多くはありません。でも、年齢が上がるほど、多少ぽっちゃりしている人のほうが、お肌にハリがあり、若く見えることが多いですよね。それには、こういう理由があるからなのです。

更年期になったら、度を越した肥満は問題ですが、適度に脂肪がつくのは気にしないこと。服のサイズが上がった分だけ、女っぷりも上がったと考えて、自信を持ってください。

Chapter

7

SPECIAL SKIN CARE

特別なスキンケア

“肌を磨く
こころとカラダ、
頭皮のケア”

89

人の見た目は「肌」と「髪」で決まる!?

『人は見た目が9割』（新潮社）という本が話題になったことがありましたね。私自身は、好感度という意味で一番大切なのは、挨拶や笑顔といったボディランゲージだと思っています。ですが、見た目がその人の印象を決める大きな要素であることも確かです。

女性の見た目を、どこで判断しているのかという美容アンケートの集計データを記事などでよく見かけますが、1位はやはり「肌」が多いですね。では、2位はどこが多いと思いますか？　それは「髪」。見た目の印象を左右するのは、肌だけでなく、髪の美しさも大事、ということですよね。髪がパサついてツヤがなかったり、ペタンとしてボリュームがなかったりすると、それだけで印象がダウンしてしまうものです。

髪の美しさは、髪そのものはもちろんのこと頭皮が健康であることが大事です。私のサロンでも頭皮のエイジングケアなどのコースを設けたりして、頭皮ケアを重要視しています。というわけで、ここからは少し、頭皮についてお話ししていきましょう。

90

頭皮は青白い肌が理想！赤い地肌になったら薄毛の前触れかも

自分の頭皮の色を見たことがありますか？　ない方は、この機会にチェックしてみましょう。どんな色をしていますか？　ヘアサロンで美容師さんに聞いてみてもいいですね。

健康な頭皮の色というのは、実は青白いのです。若いお坊さんのそりたての頭を思い浮かべてみてください。青白いですよね。あれが理想の頭皮の色です。

もし「私の頭皮、なんだか赤いみたい」という方がいたら注意してくださいね。赤い頭皮は、皮脂が過剰に分泌されてかぶれてしまっていたり、乾燥していたりして炎症を起こしている状態。頭皮の皮脂膜がうまく形成されていないため、毛穴詰まりを起こして抜け毛が増え、ヘアサイクルが乱れて薄毛へとつながります。

おまけに、頭皮につまった皮脂は加齢臭の発生源にもなるのです。

頭皮の赤みはトラブルのサイン。日頃から頭皮の健康状態をチェックする習慣をつけておくといいでしょう。ちなみに、赤い頭皮には188ページの頭皮ケアがおすすめです。ぜひご覧ください。

91 頭皮がカチカチにかたい人はおでこにシワができやすい

おでこにシワを発見すると、なんだか一気に老けた気分になってしまいますね。

これはおでこから前頭部まで広がっている前頭筋という筋肉がかたくなるためです。

この筋肉、眉を動かしたり、目を見開いたりと、顔の表情をつくるときに働く筋肉で、表情筋とも呼ばれています。

ここがかたくなると、皮膚を引っぱり上げる力が低下してしまうので、まぶたはたるんで重くなり、目を開けるときもがんばって筋肉を使わないと開くことができず、おでこにシワが寄ってしまうというわけです。

表情が豊かな人ほどおでこにシワができやすいなんていいますが、前頭筋がかたくなっていなければ、一時的に皮膚にシワが寄っても、深いシワにはなりにくいものです。

怖いのはシワだけではありません。

前頭筋がかたいということは、頭皮全体がかたく、血行不良状態になっているということでもあります。

頭皮の血流が悪いと、毛根に必要な栄養が十分に行き渡らず、髪の成長が妨げられ、抜け毛や白髪が増えたり、髪が細くなったり、薄毛が進んでしまいます。

抜け毛は通常1日に80本前後が平均とされていますが、頭皮の血流が悪い状態だと、なんと1・5倍も増えてしまうのです。想像しただけでも怖いですね。

92
やわらか頭皮かチェック！
頭皮が7㎜動く人は髪も肌もきれい

頭皮がどれくらいかたくなっているか、まず頭皮を動かしてチェックしてみましょう。

頭頂部を指で覆《おお》って、前後に動かします。おおよそ7㎜動けば頭皮がやわらかい状態で、肌も健康です。反対に、あまり動かないという人は、頭皮がかたくなっていると考えていいでしょう。

頭皮がかたくなる原因としてまず考えられるのは、睡眠不足です。睡眠時間が6時間未満しかとれなかった翌日は、頭皮はパンパンにはっています。ぐっすり眠ることは、顔だけでなく、頭皮にとってもとても重要なことなんです。

もう1つの大きな原因はストレスです。ストレスがかかると自律神経の交感神経が優位になり、体が戦闘モード。呼吸が速くなり、筋肉が緊張してこわばります。だから頭皮もかたくなるんですね。198ページでくわしくお話ししますが、深く呼吸をすることで、緊張モードが和らぎ、筋肉も弛緩するので、ぜひ試してみてください。

頭皮がブヨブヨでやわらかいという人も、安心は禁物です。耳の上あたりの側頭部などは前頭部に比べて、もともとやわらかい場所なのですが、よく感触を確かめてみてください。

弾力がなくブヨブヨ、グニャグニャとした感触だったら、それはやわらかいのではなく、むくんでいるのかもしれません。むくみは血流が滞っているという点では、カチカチ頭皮と同じ。円形脱毛症の部分の頭皮も触るとむくんでいることが多いのです。

むくみは抜け毛や薄毛ばかりでなく、顔のたるみにもつながりますので気をつけてください。

かたい頭皮にもブヨブヨ頭皮にも効果的なのが頭皮マッサージです。次のページでやり方をご紹介していますので、今日からぜひやってみてくださいね。

93

ホホバオイルでマッサージをすればかたい頭皮が改善！顔の表情も豊かに変わる

ここで、頭皮の血行をアップし、かたい頭皮をほぐし、むくみを改善するためのマッサージ法をご紹介しますね。

おすすめしたいのは、ホホバオイルによる頭皮マッサージです。ホホバオイルは酸化しにくく、皮脂に近い成分を含んでいる万能ケアオイル。頭皮の汚れや毛穴につまっている皮脂などをふきとることもでき、頭皮クレンジングにもなります。183ページでお話しました赤い頭皮の人にもおすすめのケアです。

ではマッサージを始めましょう。頭には、耳の上の側頭部と後頭部に動脈があり、頭全体に広がっています。これに沿って、下から上へとマッサージしていきます。

頭皮に対して垂直になるように指を立て、押しながら少しずつ上に手を動かしていきましょう。耳の上から頭頂、前頭部に向けてマッサージしたら、今度は後頭部から頭頂に向けて押していきます。

週に1回程度、お風呂に入ったときなどに行うだけで、頭皮のこわばりやむくみがほぐれ、顔の表情も豊かに変わります。

①入浴前に髪をブラッシングして、汚れやホコリをとる。

②浴槽で体を温めて、頭皮の毛穴を開かせる。

③ホホバオイルを指先に少しずつつけながら、頭皮マッサージをする。爪を立てたりせず、頭皮に対して垂直になるように指を立て、下から上に押しながら少しずつ手を動かしていきましょう。

④そのまま15分くらい浴槽でオイルが頭皮に浸透するのを待つ。

⑤シャンプーでしっかり洗い流す。

ホホバオイルは未精製のゴールデンホホバオイルがおすすめ。栄養豊富で黄金色をしています。肌が敏感な人は、精製済の無色のクリアホホバオイルのほうが刺激が弱めなので安心です。どちらもオーガニックなものを選んで。

94

自分でカラーリングをするなら その前にオイルで地肌を守って

白髪が気になるけれど、なかなかヘアサロンに行けない！ そんなとき、市販のヘアカラー剤（酸化染毛剤）は便利ですよね。カラートリートメントやヘアマニキュア、ヘナなどに比べると、色持ちが良く、好きな明るさ、色みの髪にすることができるので、一般的によく使われています。

でも、ヘアカラー剤は頭皮につくと刺激が強いうえ、カラーリングすればするほど、白髪が増えることをご存知でしょうか。

それは、ヘアカラー剤に含まれる過酸化水素が活性酸素で、頭皮に残留して、ダメージを与えてしまうからです。

毛髪を構成する色素幹細胞にとって活性酸素は天敵。活性酸素が色素幹細胞を傷つけると、黒髪のもととなるメラニン色素が減少してしまい、結果、白髪が増えてしまうのです。

ヘアカラー剤でのカラーリングは多くても月に1回程度に留めたほうがいいですね。

できることなら、家でカラーリングするより、ヘアサロンに行くことをおすすめします。

それは、ヘアサロンでカラーリングしてもらうほうが自分でするよりも、頭皮へのダメージが少ないからです。

市販のヘアカラー剤はどんな髪質の人もちゃんと染まるように、薬剤が多めに入っているものが多いですが、ヘアサロンでは、美容師さんがそれぞれの人の髪質・状態を見て、薬剤の量を加減することができます。髪が伸びて白髪が見えてきた部分と、元々染まっている部分で薬剤の量を変えて、塗り分けることができるのです。

また、頭皮につかないようにカラー剤をぬることもできます。こうした美容師さんのプロの技術で、まったくというわけではありませんが、頭皮へのダメージを最小限に抑えることが可能です。

そうはいっても忙しくて、なかなかヘアサロンに行く時間がないという場合は、染める前に頭皮にホホバオイルをぬって、地肌を強い刺激から守りましょう。その場合も、指先に少しだけとって頭皮全体に広げるようにつけていくのがコツです。

95 シャンプーは香り重視より頭皮にやさしいアミノ酸系を選んで

頭皮を健康に保つためにはシャンプーの選び方も重要です。ドラッグストアに行くと、シャンプーの種類があまりにも多くてびっくりしますね。皆さんは、どんな基準でシャンプーを選びますか？

なんとなく香りがいいからという方もいらっしゃるでしょうが、頭皮第一で考えるなら、まずアミノ酸系のものを選ぶことをおすすめします。

アミノ酸はタンパク質を構成する重要な成分。私たちの皮膚や髪の毛も同じようにアミノ酸で構成されています。だから、アミノ酸系のシャンプーであれば、頭皮にも髪にも負担が少なく、皮脂を落としすぎず、ケア効果も高いのです。

マイルドな分、洗浄力も優しいので、洗い上がりに物足りなさを感じることもあるかもしれませんが、汚れ落ち自体にはまったく問題なし。むしろ汚れの落としすぎこそ、頭皮にとってはマイナスしかありません。

例えば、炭酸シャンプーは洗浄力が高く、皮脂や汚れも根こそぎとってくれます。脂性で頭皮がベタつきやすい方にとっては、その洗い心地が気持ちよく感じられます。

でも、そこが落とし穴。皮脂をとりすぎてしまうと、肌はかえってたくさん皮脂を出そうとしてしまうのです。そう、すでにお話しした「生体防御反応」ですね。頭皮の皮脂が過剰になると、脂漏性《しろうせい》湿疹《しっしん》を起こしたり、ヘアサイクルの乱れを招いて、薄毛の原因にもなったりします。

市販のヘアカラー剤で、家で白髪染めなどをした後は、炭酸シャンプーはおすすめです。頭皮に残ったカラー剤の残留薬剤を高い洗浄力でしっかり落としてくれるからです。でも、それも髪を染めた後の1回だけにしてください。ふだん使いには刺激が強いので避けたほうがいいでしょう。

96
ヘソ下に板をイン！骨盤底筋が鍛えられ、肌も美しく

骨盤底筋って、聞いたことありますか？　インナーマッスルの1つで、子宮や膀胱などを骨盤の下から支えている筋肉のことです。20代からその予兆は始まっていますが、この筋肉が衰え始めると、更年期以降の下腹の出っぱりや、お尻が垂れるなどボディラインの崩れの原因に。さらに骨盤がゆがんで内臓の位置が下がり、子宮や卵巣を圧迫して、女性ホルモンの乱れにつながります。これは肌にとっても大問題です。

そこで、骨盤底筋を鍛えて、子宮や卵巣を正しい位置に戻すことが重要になってきます。骨盤底筋を鍛えるための情報は、動画などでもたくさん見ることができますし、私も昔は骨盤体操などをやっておりましたが、今はしていません。

その代わりにやっているのが、「子宮を意識すること」です。ある道具を使って。その道具というのは……。

「板」です。しかもかまぼこ板（笑）。

かまぼこ板をどうするかというと、薄いコットンのハンカチで包

んで、ショーツと下腹の間にはさむだけ。へそより少し下あたりの位置にかまぼこ板の中央があたるように、縦に入れてください。そして板をはさんだ状態のまま1日過ごす。これだけです。

この板が1枚入っているのといないのとでは大違い。お腹に入っている板を意識することで、無意識に背筋が伸び、骨盤が立ってきます。姿勢が悪くなると、板の角が当たって違和感があるので、そうならないように過ごしましょう。座っているときはもちろんですが、立っているときにも自然にお腹がキュッと引き締まった状態をキープできるようになるんです。

これだけを続けていれば、骨盤底筋が鍛えられ、子宮が正しい位置に戻り、血流やリンパの流れが良くなり、ホルモンバランスが整います。生理痛や更年期症状の改善、お肌にもよい影響が出てきます。毎日でなくてもいいので、皆さんもぜひ試してみてください。

かまぼこ板がなかったら同じような細長い形で折れ曲がらず、角が当たっても痛くないものであれば、代わりに使っても大丈夫です。

97 寝ているときは鼠径部《そけい》を圧迫する下着をやめてみて

私は最近、下着をはかずに寝ています。解放感があって気持ちいいですよ。

なんだか冷えそうなイメージがあるかもしれませんが、むしろ血行がよくなって冷えにくくなります。

なぜ、夜に下着をはかないかというと、ウエストや鼠径部をしめつけるとリンパの流れが妨げられるから。代謝が滞り、老廃物がたまって肌のむくみやくすみ、クマなどができやすくなります。

心臓がポンプの働きをして体じゅうに送られる血液と違って、リンパにはポンプがありません。立ちっぱなしだと足などがむくみやすくなりますよね。

でも、睡眠中は体を横にしているので、リンパがスムーズに流れます。だから、寝ている間は下着でリンパの流れを邪魔しないようにすることが大切なんです。

いきなり下着もつけずに寝るのに抵抗がある方も多いでしょうね。要はおなかや鼠径部を締めつけなければOKなので、ふんどしタイプのパンツや、ワンサイズ大きめのトランクスなどでも効果があります。まずはそこから試してみてはいかがでしょうか。

98

呼吸が浅くなっていませんか？睡眠不足や体の不調につながりひいては肌老化に！

みなさん、息していますか？

「いや当たり前でしょ」と思われるでしょうが、そうでもないんですよ。サロンでお客様たちと接していると、疲れている方ほど息を吸っていない。正確に言うと呼吸が浅くて、息を深く吸えていないんです。

しっかり息を吸えなければ、脳や体に酸素がまわらなくなりますから、全身にいろいろな不調が出てきます。肩こりや頭痛に悩まされる人も多いですね。

そして、イライラしやすくなり、夜も眠れなくなります。体に酸素がまわらなければ、肌も酸素不足で血流が悪くなり、乾燥やシワなど、肌の老化につながります。

血圧が高めの人も、呼吸が浅いことが多いようです。

まずは呼吸を意識すること。ストレスを感じているときなどは、特に呼吸が浅くなっていることがあります。「あ、息が吸えてないな」と感じたら、深く呼吸をするように心がけましょう。

鼻で「大きく」息を吸って、口から「ゆっくりと少しずつ」吐き出します。自分のペースで大丈夫ですので、できる範囲でやってください。

吸うときに、お腹を大きくふくらませ、吐くときに、へこませることを意識すると、横隔膜や腹横筋のトレーニングにもなり、体幹も鍛えられますよ。

吸って、吐いての1セット1回で、1日20回くらいを目安にやってみましょう。

深い呼吸は自律神経の副交感神経を優位にして、カリカリしていた気分を落ち着かせてリラックスすることができます。

「この頃なんだかイライラして眠れない」。そういうときには、ぜひ「息をすること」に意識を向けてみてくださいね。

99 顔のピーリングとマッサージはプロの手を借りて

エステティシャンとして、ある程度の年齢になったらぜひおすすめしたいのがピーリングです。

年を重ねていくと、だんだんと皮膚は厚く、かたくなっていきます。若い頃の顔のお肌と比べると、60代以降の肌は肘くらいのかたさです。これは加齢で免疫力が落ちた分、ウイルスや細菌が皮膚から入らないようにするためです。ある意味、生体防御のようなものですね。

ですから、新しい皮膚に生まれ変わるためには、ピーリングで古い角質を取り除くことが必要になってくるというわけです。

私は以前、欧米人に比べて角質層の薄い日本人には、ピーリングは必要ないと言っていました。でもピーリングに使う薬剤も多様になり、日本人に合った方法も開発されてきています。今では、特に60歳になったら、肌の代謝を促すという意味でもピーリングをおすすめしています。

ただし、ピーリングは自分でやるのは絶対にやめましょう。

ピーリングは、古い角質を溶かすことでもあるので、薬剤の選び方や時間など、その人の肌の状態に合わせて行わなければいけません。でも、人は自分で自分の肌を正確に見ることができないので、度を越してしまうことが多いからです。度を越してピーリングをすると、肌の防御作用が働いて、かえってシミができたり、肌が厚くなったりしてしまいます。

私は、今までそういった例をいくつも見てきましたし、私自身も自分のピーリングをすることはできません。

これは顔のマッサージも同様です。筋肉のコリをほぐして血行やリンパの流れを促すマッサージは、肌のたるみやくすみの改善にとても効果があります。でも、これも自分でやると、必要以上にこすったり、力を入れて押したりもんだりしてしまいがちです。

肌を客観的に見ることのできるプロにお任せする。ピーリングとマッサージはこれが鉄則と心得ましょう。

100

自分に「ありがとう」と言えることが肌のきれいにつながります

ここまで、お読みくださった皆さんに、最後にもう1つだけ、きれいになる秘訣をお教えしますね。

それは「自分に自信を持つこと」です。

人をきれいに見せているのは自信です。自信を持って生きている人は、たとえ白髪であっても、流行《はや》りの服を着ていなくても自分のものになる。サマになるものです。心の持ち方が大事なんですね。

自分に自信がない人は、決してきれいには見えないでしょう。

でも、自信がないという人が自信を持つのは、意外と難しいことなんですよね。大切なのは、人と比べないこと。誰でも、他人より劣っていることはいっぱいあるし、よいところも必ずある。だから比べても意味がないんですね。

自分は自分。自分の生き方を大事にして、いつも自分に対して「ありがとう」と言ってあげて下さい。そんな積み重ねが自信を生み出して、あなたのきれいにつながっていくはずです。

CONCLUSION

おわりに

2冊目の出版から8年。また皆さんと本を通してお目にかかりたいという願いがかない、とてもうれしく思います。

昔、エステティシャンになりたての頃に言われた

フランスのエステティシャンの言葉を思い出しました。

「60歳になれば、女は枯れてようやく一人前のエステティシャンになるのよ」

63歳になった今、はたして私は枯れてしまったのでしょうか?

現役エステティシャンとして、今でも180人あまりの女性スタッフに囲まれて働きこれまでに何万人という女性の肌や体を施術してきました。

そう自問しながら思い至ったことは、「いや……女は枯れない!」

体のあちこちは歳とともに痛くなったり、動きが鈍くなったりすることはあるけれど、子育てや仕事が一段落して解放され、

むしろ60歳からのほうが人生の本番だと思うようになりました。

今、私の好きな言葉は「経年美化」。年を重ねても美しさを増していく。

60歳からは自分の個性を大切にして輝ける年代。
シワやシミ、脂肪でもうまく活かせば個性のひとつ。
上手に歳を重ねて上手に自分を生かす。年齢に逆らうのではなく年齢を生かす。
今の私が目指す美容法です。
こうして美容の世界で45年も現役で続けられていることは奇跡です。
そして、それはお客様が起こしてくださった奇跡だと思っています。
私を、一人前のエステティシャンにしてくださった
たくさんのお客様にあらためて感謝申し上げます。
この本を通して私の45年の経験が、歳を重ねるごとに輝く皆さまの個性の美しさの
お手伝いになればと願っております。
最後に、出版の機会をくださった東京新聞出版部の岩岡千景部長、山﨑奈緒美さん、
私の1冊目の本から出版に関わっていただきました丸山出版の丸山弘順さん、
企画を立ち上げてくださった編集者の白井晶子さんとライターの坂本洋子さん、
この場を借りてお礼申しあげます。
45年の私の経験が、皆様のワンダフルエイジングにどうかお役に立ちますように。

PROFILE

著者プロフィール

宮本洋子　Hiroko Miyamoto

株式会社イーズ・インターナショナル代表取締役

エステティシャン

1961年、大阪府生まれ。思春期には顔中にできたニキビと太めの体型にコンプレックスを抱いていた。そんなとき、出会ったエステティックの本に心惹かれ、エステティシャンの道を志す。

18歳でエステティシャンの養成学校に入学。19歳で本場パリに留学。帰国後、エステのプロとして本格的スタートをする。

1996年、34歳のときに「クリニカルエステ／イーズ梅田本店」(現イーズ／ミュゼ梅田本店)を開業。以後、店舗を拡大し、現在は関東から九州まで全22店舗を運営、多くのお客様に支持されるサロンとなる。

2010年、新しい美容理論「美容断食」を確立。

著書に『夜だけ美容断食　夜はお肌に何ものせない』、『夜は化粧品で毛穴にフタをしない！　肌美人は絶対「夜だけ美容断食」』(共に光文社刊)がある。

日本エステティック協会所属。INFA(国際エステティック連盟)のBODY＆FACIALのゴールドマスターホルダー。

イーズ・インターナショナル　ホームページ　https://www.e-s.co.jp

〈美容断食:商標登録　第5619904号〉

眠っている間にスキンケア
「美容断食」で10年たっても老けない健康美肌に

2024年11月30日　第1刷発行

著　者　宮本洋子
発行者　岩岡千景
発行所　東京新聞
〒100-8505　東京都千代田区内幸町2－1－4
中日新聞東京本社
電話　[編集]03-6910-2521
[営業]03-6910-2527
FAX　03-3595-4831

ブックデザイン　清水佳子
出版プロデュース　丸山弘順（丸山出版）
企画・編集　白井晶子
執筆協力　坂本洋子
写真　岡本卓大
ヘア　保志ゴロー（natura）
メイク　中村真奈
モデル　新関碧（Space Craft）

印刷・製本　近代美術株式会社

ISBN978-4-8083-1108-7 C0095